KU-024-591

PRÉFACE

Le lecteur de « Que sais-je ? » connaît Jean-Marc Stébé pour ses deux ouvrages sur le logement social ; je le connais, en ce qui me concerne, pour une thèse sur la réhabilitation des HLM qui avait soulevé, lors de la soutenance, une assez vive polémique, l'un des éminents professeurs du jury ayant trouvé que J.-M. Stébé ne rendait pas assez hommage au rude labeur des sociologues. Colère du professeur, excessive comme toute colère de professeur mais, que voulez-vous, il faut bien que les laboratoires vivent !

L'ouvrage que je présente pose une question : Comment en est-on arrivé à diaboliser les banlieues, au point que, comme l'écrit fort justement J.-M. Stébé, « on projette sur eux (les banlieusards) toutes les fautes de la société » ? Stigmatisation partagée par les intéressés. Un jeune du « 93 » déclare, à propos de son département : « C'est un carton où l'on met toutes les crevures qui se bouffent ensemble » (Le Monde du 30 mars 1999).

Et pourtant ! L'histoire est là qui offre un tableau très différent. Là-dessus J.-M. Stébé montre qu'il y a à travers le temps des modes d'engendrement qui sont à l'origine de différences de qualités ; et le lecteur pourra remarquer que ce sont plutôt les banlieues résultant de l'action sociale qui mettent en route la mécanique de la diabolisation. J.-M. Stébé a donc le mérite d'éclairer notre vision et de nous aider à nous former un jugement sur un tableau si controversé. Ainsi, les banlieues seraient un des aspects les plus spectaculaires de ce qu'on nomme à juste titre, me semble-t-il, un effet pervers.

Il y a, dans cet ouvrage, un discret mais efficace effet démystificateur. Dans le troisième chapitre, J.-M. Stébé

3

esquisse les traits essentiels de ce que l'on nomme les « banlieues-ghettos » : naturellement, comme il le note, il n'est pas le premier à souligner l'impropriété de l'expression, mais le vieux mythe du ghetto travaille la sociologie urbaine française et, si quelques membres de la jeune génération sociologique pouvaient s'en débarrasser, grâce à ce « *Que sais-je ?* », ce serait pain béni. Il faut, en effet, en finir avec la mythologie de la mixité spatiale, moyen inventé par les technocrates pour combattre les effets dangereux du regroupement des plus démunis dans des quartiers homogènes. Rien ne peut empêcher les plus riches de déserter les quartiers des plus pauvres, et, s'il y a un « malaise » des banlieues, J.-M. Stébé a bien raison d'insister sur le caractère « construit » de ce malaise qui donne à une société satisfaite un autre motif de satisfaction : ne pas habiter dans un quartier « sensible » (comme disent les âmes du même nom).

Naturellement, il y a de bons esprits pour réclamer la destruction de ces banlieues honnies. Mais, comme on le sait depuis le XIXᵉ siècle, déplacer les pauvres ne résoudra pas la question sociale.

En bref, un bon petit livre, un vrai parapluie contre le déluge médiatique.

Henri Raymond,
Professeur émérite
à l'Université
de Paris X - Nanterre.

QUE SAIS-JE?

Accession no.
01143436

La crise

des banlieues

Sociologie des quartiers sensibles

JEAN-MARC STÉBÉ

Professeur à l'Université de Nancy 2

Préface de

HENRI RAYMOND

Professeur émérite à l'Université de Paris X - Nanterre

Deuxième édition mise à jour

8ᵉ mille

LIBRARY

ACC. No.	DEPT.
01143436	

CLASS No.

448.60403 . STE

UNIVERSITY
COLLEGE CHESTER

DU MÊME AUTEUR

Une dynamique de participation : l'opération HVS de Woippy-Saint-Éloy (57), *Territoires,* n° 311, 1990.

L'opération habitat et vie sociale de Woippy-Saint-Éloy dans l'agglomération de Metz : un paradigme pour les acteurs de l'urbain, *Espaces et sociétés,* n° 72, 1993.

Les politiques publiques de réhabilitation du logement social à l'épreuve de l'évaluation, *Espaces et sociétés,* n° 78, 1995.

La réhabilitation de l'habitat social en France, Paris, PUF, 1995.

Le logement social en France, Paris, PUF, 2002.

Figure et métamorphoses des concierges, *Les Annales de la recherche urbaine,* n° 88, 2000.

La médiation dans les politiques de la ville : croyances et idéologies, HDR, Université Nancy 2, décembre 2000 (multigr.).

Le gardien-concierge à l'épreuve de la médiation (en collab. avec G. Bronner), Paris, FNSAHLM/LASTES, 2001 (multigr.).

Architecture, urbanistique et société. Idéologies et représentations dans le monde urbain (en collab. avec A. Mathieu-Fritz), Paris, L'Harmattan, 2002.

Merci à Henry Raymond et à Étienne Gehin. Leur expérience, leurs réflexions, leurs critiques et leur soutien m'ont été très précieux.

ISBN 2 13 052758 2

Dépôt légal – 1re édition : 1999
2e édition mise à jour : 2002, avril

© Presses Universitaires de France, 1999
6, avenue Reille, 75014 Paris

LA « CRISE DES BANLIEUES » :
QUESTION URBAINE
OU QUESTION SOCIALE ?

Depuis une quinzaine d'années, le discours sur la ville semble se focaliser sur le problème des banlieues. Ces territoires à la lisière des villes serviraient de réceptacles à tous les maux dont souffre notre société : lieux symboliques de la crise sociale, ils incarneraient la souffrance et la misère, l'exclusion et la marginalité, la violence et le risque de ghetto, l'échec urbanistique et la médiocrité architecturale. Tout se passe comme si *la question urbaine*, posée par l'existence de ces quartiers « difficiles », était actuellement l'équivalent de ce que l'on appelait au XIXᵉ siècle *la question sociale*. Dès lors, la ville n'apparaît plus comme le foyer de la démocratie et de la civilisation, mais comme le champ de la sauvagerie moderne, ou encore comme le lieu des incivilités, de la solitude et des inégalités les plus criantes[1].

Certes, la ville fait depuis fort longtemps l'objet de nombreuses critiques. Les gentilshommes du XVIIIᵉ siècle la considéraient comme peu sûre, insalubre et viciée. La bourgeoisie du XIXᵉ siècle avait pour elle et plus spécifiquement pour les quartiers « populeux » une certaine aversion, comme en témoigne l'ouvrage de Louis Chevalier, *Classes laborieuses, classes dangereuses* (1958). Mais, plus que la ville, ce sont surtout les banlieues qui seraient aujourd'hui, dans l'imaginaire collectif, en proie à la dérive sociale, économique et culturelle. En effet, le senti-

---

1. F. Dubet, Les figures de la ville et la banlieue, in *Sociologie du travail*, vol. XXXVII-2, 1995.

ment que les « quartiers à problèmes » situés en périphérie des villes sont en train de faire basculer notre avenir dans une ère d'incertitudes et de chaos est largement partagé par les journalistes et les hommes politiques. Souvent pris comme sujets d'éditoriaux et de discussion plutôt que comme des entités géographiques, ces quartiers se prêtent aux simplifications abusives et aux généralisations faciles, et alimentent la polémique : par réduction, confusion et amalgames successifs, on projette sur eux toutes les « fautes » de la société et toutes les craintes associées aux populations mal connues. Comme le bouc émissaire de la cité antique, ou l'hérétique de la ville médiévale, les banlieues sont mises au ban de la ville[1], et deviennent alors des espaces relégués dans lesquels le lien social se délite. On peut donc dire que les banlieues, en tant qu'elles posent un problème social, sont une construction mentale autant qu'une situation urbaine concrète[2].

Amalgame de cités d'habitat social construites dans les années 1950-1960 et de lotissements pavillonnaires édifiés au cours des deux décennies suivantes, d'espaces industriels et de zones commerciales, de vieilles localités résidentielles et de villes nouvelles, la banlieue investit la ville de toutes parts. Avec ses multiples éléments disjoints et disparates, elle apparaît difficile à appréhender, tant spatialement que quantitativement. Pour l'Institut national de la statistique et des études économiques (INSEE), la banlieue est la partie de la *zone de peuplement industriel et urbain* (ZPIU) comprise entre la *ville-centre* et le *rural périurbain*. Au niveau national, la population des banlieues ne cesse d'augmenter depuis les années 1960. Elle est passée de 11,8 millions d'habitants en 1962 à 16 millions en 1975, pour atteindre, en 1990, 18,2 millions. Aussi précises soient-elles, ces données des différents re-

1. H. Vieillard-Baron, *Les banlieues françaises ou le ghetto impossible*, Paris, Éd. de L'Aube, 1994.
2. P. Genestier, La banlieue au risque de la métropolisation, in *Le débat*, n° 80, 1994.

censements de la population ne reflètent pas tout à fait la réalité des banlieues françaises, du fait notamment de la couronne « rurale périurbaine » qui fait office d'espace *borderline* entre le « rural traditionnel » et la « banlieue » qui ceinture la ville-centre. C'est ainsi que, d'une façon un peu plus large, P. Merlin retient 3 395 communes de « banlieue », comprenant au total une population de 20,6 millions d'habitants en 1990 (banlieues des villes-centres et communes périurbaines classées urbaines, c'est-à-dire appartenant à une agglomération de plus de 2 000 habitants), soit au total 36 % de la population française (contre 29,4 % pour les villes-centres, 8,1 % pour les petites communes urbaines et 26 % pour les communes rurales)[1].

Nous verrons tout d'abord comment la banlieue est devenue au cours de l'histoire un territoire pluriel qui agglomère une grande diversité de lieux, d'activités et de populations (banlieue aisée / banlieue populaire, banlieue industrielle / banlieue résidentielle, banlieue pavillonnaire / banlieue de grands ensembles...). Puis nous nous intéresserons plus particulièrement aux processus de ségrégation sociale et spatiale, aux phénomènes de disqualification des populations, aux difficultés d'intégration des enfants d'immigrés et aux mécanismes de la déviance. Nous montrerons cependant qu'il est quelque peu excessif de comparer nos îlots d'habitat social dégradés aux ghettos noirs américains. Enfin, nous présenterons le mouvement hip-hop, et dirons s'il est pertinent de le considérer comme une production culturelle émergeant des banlieues défavorisées.

---

1. P. Merlin, *Les banlieues des villes françaises*, Paris, La Documentation française, 1998.

ORIGINES ET ÉVOLUTION
DE LA BANLIEUE PLURIELLE

Ce que l'on entend aujourd'hui lorsque l'on parle des banlieues, ce sont tous les environs urbanisés d'une ville. Les banlieues, au sens contemporain du terme, apparaissent au XIXᵉ siècle avec le développement du chemin de fer et de l'industrialisation. Mais, en fait, la banlieue a une réalité beaucoup plus ancienne. De tout temps, la ville s'est laissée déborder au-delà de ses murs : des commerçants, des artisans, des gentilshommes ont, chacun à leur manière et pour des raisons distinctes, recherché les abords de la ville.

Dans ce premier chapitre, nous nous proposons donc de saisir les raisons qui ont amené les individus à se dégager de l'emprise urbaine et à s'implanter dans les espaces périurbains. Il nous faudra pour cela mettre en évidence les facteurs essentiels qui ont présidé à la formation des banlieues. À cet effet, nous avons choisi un découpage qui ne correspond pas forcément à l'évolution chronologique des banlieues, mais s'appuie plutôt sur des « événements-temps » significatifs et porteurs de sens, leur donnant une identité spécifique.

I. – De la « ban-lieue » médiévale
au romantisme des banlieues

1. La banlieue, un espace juridique. – Tout au long du Moyen Âge, la banlieue correspond à une réalité juridictionnelle. Entre la ville et la campagne s'étend un périmètre irrégulier d'environ une lieue (4 440 m) sur lequel le seigneur, l'abbé ou la municipalité exerce le droit de *ban* – c'est-à-dire le droit d'ordonner, d'interdire, de juger, de faire payer une redevance. Sur cet espace rural, les paysans sont contraints de moudre leur grain au moulin *banal* (du *ban*) : aussi donne-t-on souvent le nom de *banlieue de moulin*[1]. Par ailleurs, les quelques habitants de cette zone sont dans l'obligation d'entretenir les remparts et de combattre dans les rangs de la police urbaine ; mais, en contrepartie, ces servitudes leur donnent le privilège d'être exonérés de tout impôt sur les marchandises qu'ils vendent au marché de la ville. Soumis à certaines prescriptions économiques et militaires, ce territoire périurbain permet de ne pas entraver les fortifications et les moyens de défense, et d'écarter les artisans qui auraient pu travailler pour la ville, sans être assujettis aux règlements des corporations qui s'affirment à cette époque au cœur de la cité médiévale. Cependant, des noyaux de peuplement à caractère économique, les *faubourgs*, parviennent malgré tout à s'insérer en temps de paix dans cette banlieue généralement dépourvue d'habitations. Étymologiquement, ce terme de « faubourg », construit à partir de l'ancien français du XIIᵉ, *fors-borc*, signifie *bourg hors des murs*. Ces excroissances urbaines ponctuelles et étroitement localisées près des portes et aux abords des ponts donnant accès à la ville, ou encore régulièrement espacées le long des principales routes qui rayonnent autour de la citadelle, sont le produit de l'implantation de certaines activités qui sont interdites dans l'enceinte de la ville, ou qui, plus souvent, trouvent le moyen d'échapper à l'*octroi*, c'est-à-dire à la taxe que la ville perçoit sur telles ou telles des denrées qui franchissent ses portes. Mais les faubourgs sont mal acceptés par les autorités municipales et le pouvoir politique qui tentent à plusieurs reprises d'en interdire le développement. Ainsi, l'édit royal de 1548, renouvelé plus d'une quinzaine de fois jusqu'en 1781, interdit à la population parisienne d'émigrer et de construire dans les faubourgs[2]. En fait, ces disposi-

1. H. Vieillard-Baron, *Les banlieues*, Paris, Flammarion, 1996.
2. R. Clozier, Essai sur la banlieue, in *La pensée*, n° 4, 1945.

tions législatives restent le plus souvent formelles et sont rapidement oubliées. Elles n'empêchent donc pas la ville d'annexer périodiquement les faubourgs qui jouxtent les remparts, ce qui la conduit à élargir la ceinture que ceux-ci constituent. À Paris, les murs fortifiés sont détruits à plusieurs reprises et reconstruits toujours plus loin sous la pression du développement des faubourgs : entre 1180, date de l'enceinte édifiée sous le règne de Philippe II Auguste, et le 1ᵉʳ janvier 1860, date de la constitution des limites actuelles de Paris, on voit s'élever cinq forteresses successives.

2. **La banlieue, un cadre romantique.** – Parallèlement à cette lente incorporation des faubourgs à la ville, les classes aisées, pour s'extraire des nuisances et contraintes urbaines, cherchent dans la campagne environnante des lieux de résidence agréables pour y construire châteaux, gentilhommières, manoirs et *folies*. Lewis Mumford note que partout en Europe, jusqu'à l'ère industrielle – mises à part les périodes d'insécurité où les enceintes fortifiées jouaient leur rôle protecteur –, ce que l'on nomme aujourd'hui la banlieue est, dans une large mesure, un espace convoité par l'aristocratie et plus tard par la bourgeoisie[1]. Bien avant l'époque de Rousseau, nombre de riches citadins se sont éloignés du milieu urbain, chaque fois qu'ils en avaient la possibilité, pensant retrouver un sentiment de liberté et d'indépendance. Au Moyen Âge, par exemple, beaucoup de bourgeois sont propriétaires de jardins et de vergers à proximité immédiate de la ville dans lesquels ils se rendent régulièrement. Mumford nous apprend également que, au XVIᵉ siècle, les terrains situés dans un rayon de 3 km autour de Florence sont parsemés de magnifiques propriétés et de luxueuses résidences ; à Venise aussi, c'est sur les bords de la Brenta que les riches aristocrates se font édifier de belles villas. Quant aux gentilshommes anglais, il sauront très tôt eux

1. L. Mumford, *La cité à travers l'histoire*, Paris, Le Seuil, 1964.

aussi apprécier les plaisirs de la campagne. Au XVIIᵉ siècle, on construit à la périphérie de Londres de somptueuses résidences d'été, entourées de jardins « semblables à un décor de théâtre, avec leurs tours, leurs poivrières et leurs cheminées »[1].

À partir du XIIIᵉ siècle, la crainte des épidémies de choléra ou de peste va accélérer l'exode des citadins les plus aisés. Tels sont les motifs qui poussent les dames et les gentilshommes du *Décaméron* de Boccace (1350-1353) à fuir l'épidémie de peste qui sévit dans la ville de Florence, pour se retrouver dans des villas de la banlieue sur les hauteurs de Fiesole. À la fin du Moyen Âge, c'est certainement l'humaniste et architecte Léon-Battista Alberti qui, dans son traité d'architecture (1485), va célébrer avec le plus de conviction les avantages esthétiques et psychologiques du développement des résidences suburbaines. « Comment ne se montrerait-on pas satisfait, observe l'architecte italien, d'avoir un lieu de repos tout près de la ville, où l'on pourra faire exactement ce qui plaît ? »

L'éloignement du bruit des agglomérations, l'air pur et l'eau limpide, sont des privilèges dont seuls les membres de l'aristocratie peuvent bénéficier, la pollution, les vapeurs méphitiques et l'encombrement des villes restant le quotidien des citadins les plus pauvres.

Cet engouement pour la banlieue va encore s'accentuer dans la seconde moitié du XVIIIᵉ siècle sous l'influence du rousseauisme qui vante les vertus d'une campagne idyllique aux portes de la ville. Très amoureux de la nature, sensible au charme du printemps ou au pittoresque des sites tourmentés, J.-J. Rousseau prolonge sa vision en rêveries où l'imaginaire est libre de « s'élancer à l'infini », préfigurant en cela le mouvement romantique qui se développera au début du XIXᵉ siècle. Dans ce contexte d'hostilité et de retrait à l'encontre des grandes villes d'une part, de bienveillance et de fascination pour la nature environnante d'autre part, le mouvement cen-

1. *Ibid.*

trifuge s'intensifie de façon indéniable. Les citadins abandonnent leur quartier, parfois de leur propre initiative, parfois sur prescription médicale conseillant un éloignement temporaire de la pollution de la ville.

Au début du XIXᵉ siècle, la crainte des maladies contagieuses, de la misère et des taudis crasseux a pour effet d'accélérer encore le mouvement d'exode urbain de la bourgeoisie naissante. La banlieue devient un lieu de refuge et de calme, et ce d'autant plus que les quartiers denses et encombrés de la cité commencent à subir les assauts de l'industrialisation. C'est à cette époque que les architectes s'attachent à créer les paysages romantiques, où le « naturel », l'accidentel et le sauvage se déploient librement. Le « mouvement romantique » s'élève contre l'ordre, le formalisme et la monotonie de la vie quotidienne. Toute la banlieue prend ainsi la forme d'un jeu de construction éparpillé dans un vaste parc, où la nature est soigneusement respectée.

La symbolique du « romantisme banlieusard » s'appuie alors essentiellement sur la situation de l'agglomération parisienne qui domine le paysage urbain français tant sur le plan politique que dans les domaines économique et culturel.

II. – De la banlieue-jardin à la banlieue pavillonnaire

1. **L'embourgeoisement de la banlieue.** – Jusqu'au milieu du XIXᵉ siècle, les mouvements migratoires en direction de la banlieue restent dans une très large mesure le privilège des classes aisées qui ont les moyens de « rouler carrosse » ou de payer chaque jour les frais d'un voyage en diligence – le seul fait de pouvoir effectuer ce déplacement pendulaire entre la ville-centre et la banlieue passe pour le signe le plus tangible de la réussite sociale. Ces populations habitent de grandes demeures cossues implantées dans les lotissements qui se développent dès les années 1820 sur les anciennes grandes propriétés ecclé-

siastiques et nobiliaires expropriées à la suite de la Révolution et progressivement morcelées. Ces lotissements ont été fondés suite à des spéculations pratiqués par des particuliers ou des sociétés privées. C'est le cas, par exemple, de Maisons-Laffitte à l'ouest de Paris, qui se transforme dès 1834 en un ensemble de pavillons. Le Vésinet, quelques années après, devient lui aussi un lieu privilégié pour la bourgeoisie. À l'est de Paris, les lotissements de Bondy, de Romainville proposent également de luxueuses maisons dans un environnement boisé. Tous les sites retenus sont plus ou moins éloignés de Paris, mais toujours situés dans un cadre paisible, préservé de l'industrialisation : à proximité des forêts (Fontenay-sous-Bois, Saint-Mandé...), sur les bords des cours d'eau (Saint-Cloud, Saint-Maur...).

Ce développement des lotissements de résidences principales à l'usage des catégories sociales aisées n'exclut pas que des lieux de villégiature et de plaisir persistent autour de Paris. Si l'on peut désormais aller facilement par le rail au bord de la mer, on n'en continue pas moins à passer la belle saison en banlieue dans sa maison de campagne. La vallée de la Seine, en aval de la capitale, et le sud-ouest sont des espaces particulièrement prisés. Les impressionnistes découvriront plus tard le charme d'Argenteuil (Monet, Degas), les musiciens se retrouveront à Bougival en compagnie des peintres et des romanciers (Bizet, Renoir, Tourgueniev), les écrivains séjourneront à Médan (Émile Zola) ou à Bièvres (Victor Hugo). Tous ces artistes donneront, chacun à sa manière, un certain éclat à la banlieue ouest de Paris à l'aube du XXᵉ siècle.

Comme on le voit, le privilège de la banlieue ouest est largement affirmé. Cette prééminence de l'ouest sur l'est se retrouve également dans la périphérie de Lyon, du côté de Sainte-Foy, Charbonnières-les-Bains, ou de Saint-Cyr, par exemple.

Cependant, à partir des années 1860, commence à se dessiner une partition sociale de la banlieue parisienne, mais sous une forme différente de celle qu'elle prendra par la suite. En effet, les différents secteurs géographiques ne présentent pas encore les contrastes prononcés que l'on peut observer de nos jours. À l'époque il s'agit plutôt d'alternances, à l'est comme à l'ouest, au sud comme au nord, de communes bourgeoises et de communes populaires. Par la suite, si certaines localités parviendront à préserver leur privilèges champêtres, la plupart d'entre elles à l'est, mais aussi dans une moindre mesure à l'ouest (Argenteuil ou Suresnes par exemple), seront complètement envahies par l'extension de l'industrie et la construction de logements ouvriers.

2. La prolétarisation de la banlieue. – Pendant cette première moitié du XIXe siècle, les ouvriers résident à proximité de leur usine, bien souvent dans les quartiers encombrés et les faubourgs pollués des villes. Le Dr Deville[1], au lendemain de l'épidémie de choléra en 1832 qui fit à Paris 18 602 victimes, nous livre des descriptions de logements tout à fait édifiantes, par exemple celle de ce qu'était le quartier de l'Hôtel de Ville : « On y trouve peu d'appartements vastes ; les logements y sont divisés en chambres et cabinets ayant vue pour la plupart sur des cours étroites et mal aérées. L'élévation des maisons, leur saleté à l'intérieur et les familles nombreuses qui les encombrent font de ce quartier un des plus malsains de la capitale. » Dans les villes de province, les médecins de l'époque font état de situations similaires. Le Dr Saint-André[2] décrit dans un rapport l'atmosphère dans laquelle se trouvent les Toulousains : « Les habitants de Toulouse sont habitués à vivre au milieu d'un air chargé de mille vapeurs putrides fournies par les boucheries, les cimetières... ; au milieu d'un air quelquefois imprégné des vapeurs arsénicales, sulfureuses, bitumeuses qui s'élèvent de nombreux ateliers, et

1. Cité par R.-H. Guerrand, *Propriétaires et locataires. Les origines du logement social en France (1850-1914)*, Paris, Quintette, 1987.
2. *Ibid.*

principalement d'une fonderie où l'on tourmente de tant de manières plusieurs métaux. »

Ces descriptions pourraient être poursuivies à l'infini, tant la situation du logement en France est alarmante. On estime que, dans les années 1860, deux tiers environ des Parisiens, soit 1,2 million d'individus, vivent dans des conditions d'insalubrité et de surpeuplement accentué[1]. C'est l'organisation sociale du travail telle qu'elle est conçue par le patronat et la situation économique de l'époque – longues journées de travail (douze à quatorze heures), faibles salaires, pénurie de logements... – qui imposent aux ouvriers ce cadre de vie misérable.

Au début de l'ère industrielle, la plupart des fabriques s'installeront dans les villes, afin de limiter les distances à parcourir et les pertes de temps qui en résulteraient.

L'état d'insalubrité des logements, le niveau des loyers relativement élevé et le rétrécissement des possibilités d'habitats à l'intérieur des villes pour les petits salariés conduisent ces derniers à émigrer progressivement vers la banlieue où l'offre de logements commence à augmenter dans la seconde moitié du XIXᵉ siècle. Cet exode des quartiers urbains vers les communes suburbaines s'accentue lors du déplacement des manufactures. Celles-ci sont en effet de plus en plus conduites à s'implanter dans les zones périphériques parce que les espaces de travail y sont moins exigus, et les coûts salariaux, fonciers et immobiliers moins élevés, et, dans une moindre mesure, parce que les normes administratives (lutte contre les nuisances) imposent de nouvelles servitudes. Il est indéniable que l'industrialisation a servi de catalyseur à l'expansion de la banlieue, que l'on nommera justement *banlieue industrielle*. Celle-ci se crée pour deux raisons : il y a, d'une part, des implantations motivées par le besoin d'espace bon marché, à la périphérie immédiate de la ville, se situant alors hors de ses limites administratives, et, d'autre part, des localisations, guidées par la recherche de vastes

1. F. Soulignac, *La banlieue parisienne. Cent cinquante ans de transformations*, Paris, La Documentation française, 1993.

terrains proches des chemins de fer et des voies navigables pour améliorer l'approvisionnement et l'écoulement des marchandises. Ainsi, autour de Paris, se constitue progressivement une couronne industrielle *quasi* continue – sauf près du bois de Boulogne et de Vincennes – sur laquelle s'intercalent usines, entrepôts et logements ouvriers. Il est à noter que, à la même époque, certaines couronnes périphériques de villes de province connaissent le même développement industriel. À Lyon par exemple, dans la seconde moitié du XIXe, à l'époque où s'affirme le déclin des industries traditionnelles de la soie, les grandes usines de la chimie, de la métallurgie et de la verrerie se déploient sur les territoires des communes suburbaines (Saint-Fons, Villeurbanne...), attirant avec elles une main-d'œuvre importante qui se fixe à proximité des ateliers.

En trois décennies, entre 1866 et 1896, la population de la banlieue de Paris passe de 325 000 à 800 000 habitants, un accroissement de population beaucoup plus important que celui de la capitale elle-même, résultant pour l'essentiel des mouvements migratoires d'origine rurale[1]. Cette prééminence de l'immigration provinciale est en partie due au contexte de l'emploi dans les manufactures de banlieue. Pendant longtemps en effet, les industries aux marges de Paris ont du mal à attirer la main-d'œuvre parisienne car elles ont mauvaise réputation auprès des ouvriers. Ces établissements imposent des conditions de travail si pénibles – salaires moins élevés que dans Paris, journées de travail plus longues, travaux dangereux... – que les ouvriers parisiens sous le Second Empire les comparent au bagne, et les appellent *cayennes*[2]. Cependant, la diminution du nombre d'emplois ouvriers dans la capitale fait que le travail et, corrélativement, la résidence en banlieue deviennent une impérative nécessité.

1. À partir de 1861 et jusqu'en 1921, les habitants originaires de province représentent plus de la moitié de la population de Paris et de la Seine-Banlieue.
2. A. Faure, *Paris, le peuple, la banlieue*, in A. Faure (sous la dir.), *Les premiers banlieusards*, Paris, Créaphis, 1991.

L'essor de l'industrie suburbaine va contribuer à la formation d'un habitat ouvrier composé essentiellement de maisons locatives à étages de qualité médiocre. Même si les logements en banlieue sont en moyenne plus vastes que ceux que l'on trouve en ville, il reste que les classes populaires des zones suburbaines disposent rarement des éléments de confort minimum – jugés pourtant indispensables en cette fin du XIXe siècle : dans la banlieue parisienne, la moitié à peine des maisons ont une concession d'eau en 1896, et près de 16 % d'entre elles ne disposent même pas d'un puits[1].

Face aux conditions de logements qui leur sont imposées, les ouvriers réagissent en militant au sein de mouvements de protestation contre la hausse des loyers ; ces agitations resteront cependant limités. Mais, comme l'observe S. Magri : « L'un des témoignages les plus marquants de la détermination des ouvriers à améliorer leurs conditions d'habitation est certainement, au début du siècle, le choix fait par certains d'entre eux de résider dans les lotissements pavillonnaires de la banlieue. »[2] Des ouvriers, mais aussi des employés, des « petits » fonctionnaires, des artisans et des commerçants, qui souhaitent devenir propriétaires d'un pavillon, s'associent dans une société mutuelle d'épargne, ou dans une société coopérative – sociétés puisant leur philosophie et leur dynamisme dans un passé de mutuelles ouvrières –, par l'intermédiaire desquelles ils accèdent à la propriété d'un lot et de la maison qu'ils y construisent. La cité-jardin de Draveil, située à quelques kilomètres au sud de Paris, réalisée par la société coopérative *Paris-Jardins* fondée en 1909 et soutenue par les coopératives socialistes, témoigne de l'existence au sein du mouvement ouvrier d'un large engouement pour ce nouveau type d'habitat. Relativement mineur avant le premier conflit mondial, ce courant en

1. J.-P. Brunet, *Saint-Denis, la ville rouge, 1890-1939*, Paris, Hachette, 1980.
2. S. Magri, *Le logement et l'habitat populaires de la fin du XIXe siècle à la seconde guerre mondiale*, in A. Fourcaut (sous la dir.), 1988, *op. cit.*

faveur de l'habitat pavillonnaire s'affirmera fortement entre les deux guerres parmi les différentes catégories de populations ouvrières, mais également au sein de la nouvelle classe moyenne. C'est pendant cette même période que le mouvement en direction des cités-jardins sera relancé par Henri Sellier, directeur de l'Office public d'habitation bon marché de la Seine.

L'expansion de l'industrie, la forte croissance démographique, l'exode rural et urbain, le développement du chemin de fer, du tramway et du métropolitain vont jouer un rôle majeur dans le peuplement et l'extension des banlieues parisiennes. Ces différents facteurs imprimeront une marque particulière à chacun des espaces suburbains. Au seuil du XXe siècle, trois *idéal types* de banlieues peuvent être repérés[1].

Il y a d'abord les zones à dominante rurale et agricole, incluant fermes, laiteries, pépinières, serres. Elles sont en nombre conséquent, disposées en mosaïque tout autour de Paris, avec toutefois une prédominance dans le sud.

Le deuxième type de banlieue est constitué par les communes ouvrières qui se concentrent essentiellement dans l'arc nord-ouest - nord-est. Dans certaines d'entre elles, les ouvriers représentent plus de 60 % de la population active, comme par exemple à Aubervilliers (66 %), ou à Pantin (69 %).

Le troisième type enfin est celui des banlieues résidentielles et de villégiature composées de « rentiers et propriétaires ». Elles s'installent principalement dans l'Ouest parisien, prélude au fameux déséquilibre est/ouest qui suscite aujourd'hui les polémiques. C'est à Neuilly puis à Boulogne que l'on a les effectifs les plus nombreux de rentiers et de propriétaires, avec respectivement 8,6 et 6,1 % des résidents. Cependant, quelques communes de l'Est parisien autour du bois de Vincennes et le long de la Marne accueillent aussi les membres de la bourgeoisie.

---

1. J.-C. Farcy, *Banlieues 1891 : les enseignements d'un recensement exemplaire*, in Faure (sous la dir.), 1991, *op. cit.*

On repère déjà, à travers cette classification des banlieues parisiennes, l'opposition latente entre les espaces suburbains urbanisés, prolétarisés et les banlieues plus ou moins proches, encore verdoyantes, et que nous qualifions improprement aujourd'hui de *résidentielles*. On perçoit aussi, nettement, que la banlieue n'est plus concevable comme une entité, un tout unifié et homogène ; mais qu'elle se subdivise en fonction des activités et des populations qu'elle accueille, ainsi qu'en fonction de l'éloignement des « barrières » *(proche banlieue, banlieue lointaine, banlieue extrême)*.

III. – De la ceinture noire
à la banlieue rouge

1. Le voyage au bout de la zone. – Pendant tout le XIXe siècle, l'opinion parisienne assimile la banlieue aux faubourgs, monde indistinct où se mêlent marginalité, industries polluantes, *cayennes*, guinguettes et vin bon marché. À partir de la Belle Époque et jusqu'aux années 1930, l'image disqualifiante que l'on se fait de la banlieue est celle de la *zone*, sorte de *ceinture noire de la misère* autour de Paris ; cette image continuera de s'imposer bien après le déclassement de la zone et l'arasement des fortifications à partir de 1919. La continuité symbolique du thème de la zone peut être mesurée « par la réapparition contemporaine du vocabulaire : *zoner, zonard,* mots issus des contraintes militaires de la fin du XIXe siècle et qui sont devenus l'expression de la "galère" contemporaine »[1].

La « zone », c'est une bande de terrain de 250 m de large non constructible – car frappée de servitude militaire – qui jouxte les fortifications, construites à partir de 1841 autour de Paris sur la volonté d'Adolphe Thiers. Cet espace *non aedificandi* se couvre toutefois progressi-

1. A. Fourcaut, *Banlieues d'hier : les « zoniers » de Paris,* in C. Wihtol de Wenden, Z. Daoud (sous la dir.), Intégration ou explosion ? Banlieues..., *Panoramiques,* n° 12, 1993.

vement de roulottes, de bicoques, ou encore de maisons lépreuses, sans que les autorités du Génie interdisent expressément leur installation. La situation géographique de la zone, aux confins de la ville, et son statut hors légalité vont rapidement la marginaliser aux yeux de l'opinion publique qui se la représente comme un lieu peuplé de marginaux en tout genre, « zoniers », prostitués, bande d' « apaches ». Le mythe de la zone prend ainsi forme[1].

Située entre les banlieues encore peu urbanisées et la capitale, cette « zone » abrite en fait les populations ouvrières les plus défavorisées, chassées pour certaines d'entre elles du Paris *intra muros* à la suite des grands travaux entrepris par le baron Haussmann à partir des années 1850. Elle comptera jusqu'à 30 000 habitants. La corporation des chiffonniers, les *biffins*, occupe une place importante dans cet univers pitoyable et sordide, où les points d'eau sont totalement absents, les poubelles débordant d'immondices, les labyrinthes de boyaux mal ou non pavés, et où le soleil ne pénètre que très peu. Sans électricité, la zone est un territoire dont les incidents nocturnes sont abondamment commentés dans la chronique des faits divers par les gazettes populaires. Le mythe des *bandes d'apaches* apparaît alors, assignant du coup à la zone et aux faubourgs extérieurs une réputation de « coupe-gorge ». Honnissant le « travail honnête », ces bandes de jeunes délinquants vivraient de la prostitution et du produit de leurs larcins. Quelle est dans tout cela la part de l'imagination et quelle est celle de la réalité ? Tard dans l'entre-deux-guerres, une frange importante de l'opinion continuera d'identifier la banlieue à la zone, « espace du travail précaire, de l'habitat temporaire et d'une marginalité misérabiliste »[2].

Juste après la Grande Guerre, l'armée vend à la ville de Paris l'espace occupé par les fortifications et la zone

1. M. Leveau-Fernandez, *La zone et les fortifs,* in A. Fourcaut (sous la dir.), *Banlieue rouge, 1920-1960*, Paris, Autrement, 1992.
2. A. Fourcaut, 1993, *op. cit.*

de servitudes militaires, soit au total une couronne de 34 km de long et de près 400 m de large, représentant une superficie de 1 400 ha. Ce nouveau territoire est l'occasion pour de nombreux architectes de proposer différents projets d'aménagement à dominante hygiéniste, mais ils se heurtent tous à des imbroglios politico-juridiques relatifs au problème du contrôle foncier ; tout est bloqué jusqu'en 1928, date à laquelle la loi *Loucheur* permet de relancer le projet d'aménagement, qui sera, cette fois, mené à son terme en raison de la pénurie importante de logements, et malgré l'opposition des milliers de « zoniers » résidant sur les glacis des fortifications. 20 000 logements de type *Habitation bon marché (HBM)* seront construits sur ce territoire avant le second conflit mondial, formant ce que l'on appelle la « ceinture rose »[1], et dont nous reparlerons. Le processus d'urbanisation redémarre juste après la guerre, avec l'édification de logements, d'écoles et... la construction du périphérique ; les dernières surfaces libres de cette couronne militaire seront bétonnées à la fin des années 1970. Ce qui devait être une « ceinture verte » est devenu au fil du temps, une barrière minérale ceinturant Paris.

2. L'expérience douloureuse du pavillonnaire. – Si la

« zone » connaît de grands bouleversements pendant l'entre-deux-guerres, les communes suburbaines sont également soumises à de profonds changements. Tout d'abord, leur population augmente considérablement : de 1921 à 1931, on compte près de 100 000 nouveaux habitants par an. Ce sont surtout des provinciaux et des étrangers qui affluent dans l' « eldorado de la région parisienne »[2]. Les Belges, les Luxembourgeois, les Anglais et les Allemands, qui formaient le gros des effectifs de l'immigration avant 1914, sont désormais supplantés par

1. En référence à la brique rose utilisée pour la construction des immeubles.
2. A. Fourcaut, *Banlieue rouge, au-delà du mythe politique,* in A. Fourcaut (sous la dir.), 1992, *op. cit.*

les Espagnols, les Polonais, les Nord-Africains et surtout par les Italiens. Ces derniers voient leur nombre passer de 58 000 à 150 000 entre 1921 et 1937, et ce, presque exclusivement en banlieue.

Cette immigration provinciale et étrangère se réalise sans qu'ait été du tout résolue la crise du logement populaire. Durant cette période, les capitaux immobiliers se désintéressent du logement à bon marché, et l'État tarde à produire des réalisations massives. En banlieue, selon les communes, un tiers des logements sont surpeuplés, les WC intérieurs sont exceptionnels et les salles de bain inexistantes. Face à cette situation catastrophique, beaucoup réagiront en tentant de réaliser leur rêve de construction d'un pavillon. Cet engouement pour le pavillonnaire n'est pas nouveau, ses débuts remontent comme nous l'avons déjà vu aux années de la Belle Époque. Mais, à partir de 1920, il devient massif au point d'entraîner un bouleversement important du paysage des communes suburbaines. Pour certaines d'entre elles, les plus éloignées de Paris, l'habitat individuel représente 61 % des bâtiments existants en 1942. Cette part va en diminuant au fur et à mesure que l'on se rapproche de la capitale. De 1920 à 1939, plus de 13 000 ha seront urbanisés sous cette forme, soit une fois et demie la superficie de Paris[1]. C'est ainsi que la surface des lotissements a été multipliée par cinq pendant ces vingt années, correspondant à peu près à 250 000 lots dans la seule région parisienne.

La plupart de ces terrains lotis sont des terres de grande culture ou des parcelles de forêts, sur lesquelles les spéculateurs ou les sociétés d'épargne tracent des plans sommaires. Profitant des besoins populaires non satisfaits, des aspirations nouvelles en matière d'espace privé et de la naïveté des acquéreurs, certains lotisseurs peu scrupuleux ne s'engagent pas, lors de la vente des parcelles, à réaliser les travaux d'aménagement (voirie,

1. J. Bastié, *La croissance de la banlieue parisienne*, Paris, PUF, 1964.

égouts, adductions). Qu'à cela ne tienne, l'attrait pour la maison individuelle est trop fort pour que l'on renonce ; aussi les ouvriers construisent-ils eux-mêmes leurs demeures, en suivant une sorte de « parcours initiatique » dans la construction, tout d'abord une cabane, puis une « guitoune », un abri et enfin un pavillon[1].

Du fait de l'absence de réglementation, ces lotissements, qui relèvent exclusivement de l'initiative privée, se construisent sans concertation et dans le plus grand désordre, contribuant ainsi à déprécier l'image de la banlieue. Une étude montrait par exemple que, en 1927, 180 000 lots n'étaient pas viabilisés. Certains « mal-lotis », victimes de la spéculation immobilière et de la carence des pouvoirs publics en matière d'aménagement urbain[2], n'hésitent pas à se regrouper en comité de défense comme ceux des Coudreaux (à proximité de Montfermeil), et dans un écrit présentent leur lotissement comme un « cloaque » sordide[3].

La contrainte pour les ouvriers de résider dans les franges rurales les plus lointaines des villes en raison de la crise du logement, et les mésaventures dont ils pâtissent lors de l'aménagement des lotissements vont engendrer chez eux un profond sentiment de lassitude et de révolte.

C'est ainsi que les « mal-lotis » tout d'abord et les chômeurs par la suite symboliseront pendant cet entre-deux-guerres le malheur banlieusard.

3. L'aventure socialiste et communiste. – La première guerre mondiale renforce la fonction industrielle des banlieues. Elle confirme la région parisienne dans son rôle de

---

1. F. Dubost, *Le choix du pavillonnaire*, in A. Faure (sous la dir.), 1991, *op. cit.*
2. Il faut attendre la loi Sarraut de 1928 pour que des règles d'équipement des lotissements soient définies, mais elle aura en fait peu d'efficacité. Il est nécessaire de préciser que, déjà en 1919, la loi Cornudet avait tenté de mettre de l'ordre dans l'aménagement, l'extension et l'embellissement des villes, mais sans grand résultat en région parisienne.
3. F. Dubost, 1991, *op. cit.*

premier centre industriel français, et ce *leadership* ne fera que se consolider pendant les vingt années suivantes, surtout dans les secteurs de l'automobile, de l'aéronautique, des cycles et de la pharmacie. Les effectifs des usines Renault passent par exemple en cinq ans, de 1914 à 1919, de 4 400 à 21 200 ; ils atteindront, en 1936, 32 600 salariés[1].

L'examen du statut des actifs montre qu'entre les deux guerres le groupe dominant est représenté par les ouvriers. Passés par un maximum en 1931, où près d'un actif sur deux dans la région parisienne est ouvrier (48,2 %), ils sont encore 41,6 % en 1936. À Saint-Denis par exemple, ils comptent pour 68 % des actifs en 1921, et pour encore 60 % en 1936. Omniprésente, la catégorie des ouvriers l'est aussi dans les banlieues pavillonnaires, comme à Bobigny – commune pourtant faiblement industrialisé –, ou à Domont en Seine-et-Oise, où elle représente plus de la moitié des actifs[2].

« Il s'agit d'une classe ouvrière visible, repérable, d'avant la société d'abondance, sans voiture, sans frigo et sans HLM : casquette, vélo, glacière... et pavillon », souligne A. Fourcaut[3]. « De la fin de la guerre à la crise économique qui touche la France au début des années 1930, la banlieue parisienne est un far-west : c'est dans ce contexte que prend naissance le thème de la banlieue rouge. »

Le mythe de la banlieue rouge est né aux lendemains des élections législatives de 1924 et des municipales de 1925 qui voient les premiers succès électoraux des communistes en banlieue parisienne. Ce mythe ira grandissant au cours des années pour devenir une réalité avec les victoires de la coalition des partis de gauche du Front populaire aux élections de 1935 et de 1936. Ce sont désormais près de cent communes faisant partie de

1. P. Fridenson, *Les usines Renault et la banlieue (1919-1952)*, in Fourcaut (sous la dir.), 1992, *op. cit.*
2. A. Fourcaut, *Naissance d'un quartier ordinaire en banlieue parisienne : le nouveau Domont (1923-1938)*, in Faure (sous la dir.), 1991, *op. cit.*
3. A. Fourcaut, 1992, *op. cit.*

la Seine-banlieue et de la Seine-et-Oise, administrées par des élus de gauche, qui enserrent Paris, considérée comme la place forte du capitalisme. Les partis du mouvement ouvrier, et le PC en premier lieu, à travers les associations, les organisations syndicales, les comités de soutien et de défense... jouent plusieurs rôles dans les communes : rôle de lutte d'abord, mais aussi d'identification, d'encadrement, et de soutien aux plus démunis enfin. Ces derniers voient leur nombre augmenter entre les deux guerres : aux « mal-lotis » d'alors viennent s'ajouter les nombreux bataillons de chômeurs qui se forment à partir de 1932. La grande dépression économique partie des États-Unis en 1929 touche surtout la région parisienne : en 1936, l'ensemble du département de la Seine compte 33,7 % de chômeurs français recensés. « L'aide aux chômeurs, écrit A. Fourcaut, est une des priorités des municipalités ouvrières : fonds de secours, dons alimentaires en nature comme les pot-au-feu, prise en charge des enfants de chômeurs dans les patronages et les colonies. Même chose pour l'aide aux grévistes de juin 1936 (...). »[1] À côté de cette fonction de solidarité, les municipalités de la banlieue rouge encadrent beaucoup d'autres aspects de la vie quotidienne des habitants, mêlant culture, politique et assistance : « Faucons rouges, pupilles rouges, patronages, colonies de vacances, souligne encore A. Fourcaut, se disputent enfants et jeunes (...). Les jeunes filles, les femmes, les mal-lotis, les anciens combattants, les vieux, les chômeurs, les sportifs et les pêcheurs à la ligne ont leurs associations locales, couronnes extérieures des partis du Front populaire dont elles assurent la puissance. » Tout cela contribue à diffuser une image positive, rassurante et valorisante de la banlieue rouge auprès de la classe ouvrière, alors dominante hors de Paris. À partir de la fin des années 1970, les nombreux repères et organisations qui structuraient la banlieue politique et sociale disparaissent sans être remplacés. On se rend compte

1. A. Fourcaut, 1992, *op. cit.*

aujourd'hui de leur importance dans la dynamique de constitution du lien social et du vide créé par leur disparition.

IV. – Des cités ouvrières aux grands ensembles HLM[1]

On ne peut bien évidemment pas parler de la banlieue sans évoquer la question du logement social, qui est une préoccupation majeure de nos jours, mais l'a été tout autant dans un autre contexte pour de nombreux esprits éclairés dès le XIXe siècle.

1. Les prémices du logement social. – Au cours de la seconde moitié du XIXe siècle, alors que les conditions de logement des ouvriers restent très préoccupantes, l'idée que l'État intervienne dans la construction de logements sociaux ne progresse que très lentement. Et pourtant il n'existe aucune structure susceptible de réaliser de vastes programmes immobiliers en direction des classes populaires. Les maisons et petits immeubles de rapport de un à quelques étages qui remplissent en banlieue les interstices entre les usines et les ateliers, sont le fait d'une multitude de petits propriétaires privés ; ils ne couvrent pas du tout la demande de l'époque. Il faut attendre la fin du siècle pour qu'apparaissent les premières mesures en faveur du logement social.

En attendant, les débats politico-économiques sont âpres et difficiles, qu'ils portent sur la question du droit ou non de l'État à intervenir dans le domaine du logement, ou sur ce qui est préférable – sous-entendu, plus vertueux – pour les familles ouvrières (les loger dans des pavillons individuels ou dans des logements d'immeubles collectifs), ou enfin, sur le point de savoir si l'accession des classes populaires à la propriété leur est plus favorable que la location[2]. Se référant principalement aux

1. Habitation à loyer modéré.
2. J.-M. Stébé, *Le logement social en France*, Paris, PUF, 1998.

idées de Le Play, beaucoup de notables, d'hommes politiques, prennent position contre le regroupement des ouvriers dans des cités – car ils y voient un danger pour l'ordre moral –, et en faveur de l'accession à la propriété, le seul véritable salut social à leurs yeux. Parallèlement, dans une logique économique, les patrons de l'industrie voient d'un assez bon œil le regroupement des ouvriers à proximité de leurs entreprises. La réduction des trajets pour venir à l'usine présente à leurs yeux deux avantages majeurs : une plus grande ponctualité des salariés et un meilleur rendement de leur part car le trajet n'est plus source de fatigue. Par ailleurs, cette proximité avec l'usine permet d'exercer un contrôle social et de fidéliser les employés à l'entreprise.

De ces débats sortiront plusieurs réalisations, chacune ayant comme principe fédérateur l'un ou l'autre des points de vue sur la question du logement ouvrier exposé ci-dessus.

On peut évoquer la *Cité Napoléon*, rue Rochechouart, dans le IXe arrondissement de Paris, comme modèle d'habitations collectives. Cette cité ouvrière de 200 logements, construite entre 1849 et 1853, est la seule concrétisation d'un programme qui prévoyait initialement douze constructions de ce type dans la capitale. S'inspirant largement des idées phalanstériennes développées par C. Fourier et des meilleures réalisations anglaises de l'époque, cet ensemble se voulait un prototype d'une nouvelle façon de vivre et de s'approprier l'espace pour les classes populaires. Mais, en définitive, l'enthousiasme des locataires était assez nuancé ; ils se plaignaient de la surveillance dont ils étaient l'objet, à travers la présence d'un gardien et l'établissement d'un règlement très strict. D'autres cités seront réalisées sur le même modèle, notamment à Guise (le *Familistère de Godin*).

Une autre réalisation peut être signalée, c'est celle de la *cité Menier* à Noisiel (Seine-et-Marne) à une trentaine de kilomètres de Paris. Le parti choisi y a été un ensemble pavillonnaire. À proximité de la chocolaterie Menier, cette cité, réalisée à partir de 1874 par E.-J. Menier, est destinée à héberger le personnel de l'entreprise. À côté des pavillons, les habitants de la cité bénéficient de nombreux services collectifs (réfectoire, école maternelle et primaire, coopérative, bibliothèque, lavoirs, bains publics, maison de retraite...). Cette formule d'habitat individuel sera expérimentée dans d'autres agglomérations françaises, notamment à Mulhouse (la *cité Dollfus*). Ces expériences seront d'une certaine façon la consécration des idées défendues par F. Le Play quant au caractère moralisateur et salvateur de la propriété immobilière.

2. La grande aventure des habitations à bon marché. – Toutes ces initiatives privées prises en faveur du logement des ouvriers, et les débats qu'elles ont suscités dans l'ensemble de la classe politique, ont permis de montrer l'importance du rôle de l'habitat comme facteur de progrès et d'intégration sociale, et de faire avancer, lentement certes, l'idée d'une nécessaire intervention de la puissance publique dans le problème du logement non plus seulement des classes défavorisées, mais aussi de nombreuses catégories socioprofessionnelles.

C'est ainsi que, pendant les vingt années qui précèdent la Grande Guerre, un tournant politique en matière de construction de logements sociaux est amorcé par les pouvoirs publics : tout d'abord, la loi *Siegfried* (1894) crée les sociétés d'habitation à bon marché, puis la loi *Strauss* (1906) rend leur instauration obligatoire dans chaque département ; par ailleurs, la loi *Ribot* (1908) institue des sociétés de crédit immobilier, et enfin la loi *Bonnevay* (1912) vise à encourager le développement de la construction locative et à créer les Offices publics d'HBM (OPHBM) ; ces offices auront entre autres comme mission, complémentaire à celle de la construction de logements sociaux, de programmer la réalisation de cités-jardins et de jardins ouvriers.

Malheureusement, tout cet arsenal législatif n'aura pas beaucoup d'effet. Avant 1914, 2 000 logements seulement seront construits dans Paris. En banlieue parisienne et en province, les réalisations sont encore plus rares.

L'entre-deux-guerres ne sera pas tellement plus faste pour le logement social ; de cette période, on peut tout de même retenir la loi programmatique en faveur des habitations à bon marché – dite loi *Loucheur* (1928) déjà évoquée plus haut. Celle-ci prévoit entre autres, sur une période de cinq années, un programme de financement public permettant la réalisation de 260 000 logements tant en accession qu'en locatif. C'est dans ce cadre que l'on construit autour de Paris un vaste ensemble de logements HBM, qui constituera la fameuse ceinture rose. Parmi les innovations les plus marquantes de cette période, il faut également retenir la réalisation des *cités-jardins*, remarquables par leur audace et leur avant-gardisme.

Les cités-jardins qui se développent de 1921 à 1939 sont dues, pour l'essentiel, à la volonté de Henri Sellier. Celui-ci va tenter de résoudre les nombreux problèmes sociaux, d'hygiène publique et d'urbanisme qui se posent à cette époque dans l'agglomération parisienne. S'appuyant sur les dispositifs réglementaires (lois *Cornudet* et *Bonnevay*), il établit avec ses collaborateurs architectes de l'OPHBM un programme de création de nouvelles zones d'habitation satellitaires de Paris – appelées *cités-jardins* –, reliées au centre par de grands axes de circulation. Cette idée de cité-jardin vient en fait d'Angleterre, où elle a été lancée par E. Howard à la fin du XIXe siècle. Préoccupé par le contexte de grave crise foncière et immobilière dans lequel se trouve Londres – en 1898, cette dernière est la plus grande capitale du monde avec ses 6 millions d'habitants –, Howard envisage de remplacer le réseau urbain existant par un autre entièrement nouveau. Des cités-jardins regroupant chacune 30 000 habitants, et où le végétal abonde, seront organisées autour d'un noyau central de 50 000 habitants, cela en vue de créer des « cités sociales » de 250 000 habitants. Plusieurs modèles sont construits dans la périphérie de Londres, notamment à *Letchworth* et à *Welwyn*.

En région parisienne, dans cet esprit de déconcentration, 15 cités-jardins[1] sont réalisées par l'OPHBM de la Seine, représentant au total 10 704 logements collectifs et 2 549 pavillons. Dans la majorité des réalisations, une recherche du pittoresque est développée, le modèle anglais du cottage étant retenu par les architectes : priorité donnée aux voies courbes, mises en scène à l'aide de la matière végétale (parcs publics...) et de l'eau (bassins). Mais, au fil des années, les impératifs économiques et budgétaires l'emportant sur le souci d'harmonie et de beauté, le modèle initial de la cité-jardin est de plus en plus tronqué : peu à peu la densité de population s'accroît, les immeubles collectifs remplacent les pavillons individuels, et le mouvement moderne en architecture – impulsé par Le Corbusier et ses disciples – impose ses normes de construction (ainsi voit-on, par exemple, les courbes disparaître aux profit des lignes rectilignes). Cette dynamique guidée par des objectifs de modernisation et de rentabilisation, aboutit en 1935 à la construction de la *cité de La Muette* à Drancy, qui n'a plus rien à voir avec l'image initiale de la cité-jardin. Cette cité, constituée de tours de 15 étages et de barres, est la plus « moderne », au sens de l'*architecture moderne*, tant sur le plan des procédés techniques et des matériaux utilisés que sur celui de l'image urbaine et architecturale. Elle est en fait, avec le grand ensemble des gratte-ciel – 1 500 logements répartis dans six blocs – inauguré en 1934 à Villeurbanne, la préfiguration des programmes de construction de logements sociaux de la période post-1945, et annonce aussi la pauvreté architecturale et urbaine des futurs *grands ensembles*.

3. **Les facteurs de la construction de masse.** – À la Libération, la France se trouve confrontée à une crise aiguë du logement. Le parc d'immeubles a été sérieusement endommagé pendant les cinq années de conflit : au total, un cinquième du parc existant en 1939 est à reconstruire. De plus, le parc immobilier a beaucoup vieilli : il y aurait

1. À Stains, Champigny, Nanterre, Suresnes...

à cette date près de 3 millions de logements vétustes. Enfin, cette crise est largement due au retard de construction accumulé depuis des décennies ; ce déficit s'élèverait à peu près à 2 millions de logements.

Ces problèmes d'habitat vont être encore aggravés par la forte poussée démographique : la France augmente sa population de 12 millions en trente ans ; elle passe de 40,5 millions en 1946 à 52,6 millions en 1975.

Mais beaucoup plus frappantes sont certainement les modifications importantes qui se produisent dans la *structure* de la population. En effet, alors qu'on ne comptait que 53,3 % d'urbains en 1946, on en dénombre 75 % trente ans plus tard, ce qui, compte tenu de l'accroissement global de la population, représente un doublement de la concentration urbaine depuis 1945. Ce sont surtout les banlieues qui enregistrent – encore à l'heure actuelle – l'essentiel de la croissance démographique des agglomérations urbaines : leur population passe de 11,8 millions en 1962 à 15,9 millions en 1975, alors que les villes-centres n'ont vu leur population croître que légèrement : de 21 millions en 1962 à 23,5 millions en 1975.

Cette rapide redistribution de la population, qui correspond à un vaste processus d'urbanisation, s'accompagne de changements sociologiques importants. Tout d'abord, les campagnes n'hébergent plus que les exploitants agricoles, les retraités et quelques laissés-pourcompte du progrès ; le rapport ville-campagne a complètement disparu. Puis les limites des villes ont éclaté de toute part, donnant naissance à des conurbations tentaculaires ; la structure, le paysage, le temps et les rapports humains s'en trouvent alors entièrement modifiés. Enfin, la culture urbaine – partage du temps entre travail et loisir, pratiques consommationnelles, nature de l'habitat – se diffuse et s'impose à tous, qu'ils soient urbains, habitants d'un bourg ou ruraux.

Durant les deux décennies qui suivent la seconde guerre mondiale, d'énormes bidonvilles se déploient aux portes des villes et notamment en banlieue parisienne, à Gennevilliers, à Nanterre, à Noisy-le-Grand... Les *squats* se développent dans les logements vacants, nombreux à Paris et en proche banlieue.

Malgré le développement de l'habitat précaire et insalubre, les mutations sociodémographiques et sociourbaines, et le manque flagrant de logements, les pouvoirs publics tardent à réagir. Les différentes décisions qu'ils prennent dans l'après-guerre montrent à l'évidence que la construction de logements en masse ne leur apparaît pas comme une urgence. Les priorités budgétaires vont en effet se concentrer sur la reconstruction des dommages de guerre, la restructuration de l'appareil de production, le développement des industries lourdes et le règlement du problème des colonies (Indochine et Algérie).

Si bien que, en dépit de l'appel lancé en 1954 par l'abbé Pierre en faveur des sans-abris pour alerter l'opinion publique, la situation du logement ne s'améliore que très lentement. La construction n'entre en fait dans une phase décisive qu'à partir de la fin des années 1950. Différentes mesures prises par l'État au cours des années antérieures vont y contribuer.

Tout d'abord, un vaste réseau de sociétés de construction de logements locatifs aidés (habitations à loyer modéré) liées aux collectivités locales, aux entreprises publiques ou de statut privé (offices publics et sociétés d'HLM) se constitue.

Par ailleurs, le financement de la construction locative peut se faire grâce à des prêts à taux très avantageux pour la construction des HLM, au moyen de subventions et avec l'aide d'une participation obligatoire des employeurs à la construction (le 1 % patronal).

Enfin, dans le cadre des ZUP (zones à urbaniser en priorité), on promeut les *grands ensembles* (décrets du 31 décembre 1958), opérations d'urbanisme d'un minimum de 500 logements à réaliser dans un court délai. Il s'agit, d'une part, de concentrer l'effort d'équipement (infrastructure et superstructure) et de maîtrise foncière (grâce à l'usage du droit de préemption au profit des collectivités publiques), et d'autre part d'associer et coordonner logements, activités industrielles et commerciales, et équipements collectifs, afin d'atténuer le caractère de « cités-dortoirs ».

Ces différentes décisions, prises en vue de régler l'épineux problème de l'habitat, vont permettre l'édification sur un temps relativement court de millions de logements, et ainsi résoudre en grande partie la crise que la France connaît depuis plus d'un siècle.

4. L'édification des grands ensembles.

— Les ingrédients pour engager une politique ambitieuse de construction de logements sont donc réunis, mais encore faut-il aller vite. L'État s'installe donc sur le devant de la scène et devient interventionniste, rompant dans ce domaine avec le libéralisme qui était jusqu'alors de mise. Dès lors, la porte est ouverte à la construction de masse, aux aménageurs, aux planificateurs, aux groupes du Bâtiment et des travaux publics (BTP) qui se constituent.

C'est ainsi que, à partir de la fin des années 1950, la France se couvre de quartiers satellites tracés à l'équerre, constitués pour l'essentiel de barres et de tours, nouveaux symboles de l'urbanité et de la modernité, que l'on dénommera *grands ensembles*.

Au total 195 ZUP seront construites, représentant 2,2 millions de logements, pour l'essentiel de type HLM locatif. Ces opérations urbaines, qui ressemblent quelquefois à un palmarès d'exploits – 400 m de façade continue au Haut-du-Lièvre à Nancy, 18 500 logements à Aulnay-Sevran, 975 logements dans la banlieue de Nantes pour un immeuble ne comprenant qu'une seule cage d'ascenseur pour ses 4 000 habitants... –, sont à l'époque l'objet de nombreuses convoitises. Réalisés par des architectes reconnus (Beaudouin, Zehrfuss, Candilis...) selon les critères de la charte d'Athènes des architectes modernes (1934), ces grands ensembles ont conduit à créer une rupture radicale dans l'évolution de la morphologie urbaine. Techniquement, les immeubles résultent de panneaux préfabriqués et du « chemin de grue » – qui donne la possibilité de construire en utilisant une voie ferrée sur laquelle roule la grue qui élève les composants, et permet ainsi de lotir, de part et d'autre, plusieurs immeubles rectilignes. Mais, comme le souligne H. Vieillard-Baron, ils engendraient l'uniformité et prédisposaient à la « sarcellite », c'est-à-dire à la « maladie du gigantisme et de l'isolement »[1].

C'est pourquoi les grands ensembles trouveront vite de moins en moins de défenseurs quand il apparaîtra que tous les équipements prévus ne sont pas réalisés, et quand on constatera les nombreuses nuisances créées par ce type d'habitat (bruit, difficulté d'appropriation des espaces, absence de lieux de rencontre, etc.). Tenant compte des critiques nombreuses dont les ZUP font l'objet – critiques qu'il convient assurément de nuancer selon les lieux –, le législateur propose alors d'instituer, dans le cadre de la loi d'orientation foncière du 30 décembre 1967, une nouvelle procédure d'urbanisme : les ZAC (zones d'aménagement concerté). À partir du début des années 1970, les ZUP seront totalement abandonnées au profit de cette nouvelle procédure, qui vise à « réaliser une concertation entre l'État, les collectivités locales, les organismes aménageurs et les propriétaires privés, et à instaurer une grande souplesse dans la mise en œuvre d'opérations dont l'objet ne serait plus exclusivement l'habitat »[2]. Le fonctionnalisme architectural a fait son temps ; désormais les ZAC seront plus attentives à la mixité urbaine, au cadre de vie, et à la sociabilité. Mais cela n'empêchera pas la désaffection des grands immeubles collectifs au bénéfice d'un très fort développement de l'habitat individuel.

V. – Du lotissement périurbain à la ville nouvelle

1. L'urbanisation de l'espace rural.
– Un certain nombre d'études réalisées dans les années 1965-1968 montrent que les Français préfèrent, dans plus de 80 %

1. H. Vieillard-Baron, 1996, *op. cit.*
2. P. Merlin, F. Choay, *Dictionnaire de l'urbanisme et de l'aménagement*, Paris, PUF, 1996 (2e éd.).

des cas, la maison individuelle à l'immeuble collectif[1].
L'État qui souhaite, en cette fin de décennie 1960, se dé-
sengager du financement du logement, s'appuie sur les
résultats de ces enquêtes, et lance un vaste programme de
construction de maisons individuelles sous couvert de
mieux répondre aux aspirations des familles françaises.
Même si les premières constructions, que l'on appellera
« chalandonnettes »[2], ne donnent pas entière satisfaction
aux propriétaires (dépassement des coûts prévisionnels,
malfaçons, non-respect des délais), cette politique
d'accession à la propriété de la maison individuelle
connaît un succès croissant : 39 % des nouveaux logements construits en 1968 sont des maisons individuelles ;
dix ans après, elles représentent 63 %, pour atteindre
68 % en 1984 ; à cette date leur poids commence à baisser, mais en 1996 elles représentent encore 52 % des nouveaux logements construits. Il existe toujours un fort engouement pour la propriété, et de préférence un pavillon.
Sur 21,5 millions de ménages aujourd'hui, 11,7 millions
sont propriétaires de leur logement, soit 54,5 %, alors
qu'ils n'étaient que 35 % en 1954 et 50 % au début des
années 1980. Au cours des deux décennies 1970 et 1980,
de nombreuses familles françaises vont donc accéder à la
propriété d'un pavillon individuel avec jardin. Préservées
jusqu'ici de l'urbanisation, les zones rurales encerclant la
grande banlieue se transforment à leur tour. C'est pendant cette période que des lotissements se greffent sur
une multitude de communes rurales plus ou moins proches des agglomérations urbaines. Les résultats des deux
recensements de la population de 1982 et 1990 confir-
ment ce processus d'urbanisation de l'espace rural que
l'on nomme *périurbanisation*, ou encore *rurbanisation* : le
rural périurbain augmente sa population de 2 millions
d'habitants entre 1975 et 1990, alors que la tendance
était à la baisse depuis de nombreuses décennies. Ce qui

1. Entre autres l'étude de H. Raymond *et al.*, *L'habitat pavillonnaire*, ISU, Paris, Éd. du Centre de recherche d'urbanisme, 1966.
2. Du nom du ministre de l'Urbanisme de l'époque, Albin
Chalandon.

a eu pour conséquence, dans une certaine mesure, de repousser toujours plus loin les limites de la ville, et ainsi d'étendre encore les banlieues.

2. **Les théories des cités-jardins revisitées.** – Malgré certaines mesures foncières (ZUP, ZAC), l'urbanisation en *tache d'huile* se poursuit autour des villes : zones d'habitat pavillonnaire, espaces industriels, centres commerciaux... continuent à s'édifier le long des voies de communication et dans les interstices encore libres de la banlieue.

Afin de combattre ce développement diffus des agglomérations, les pouvoirs publics décident à partir de la fin des années 1960 de s'engager dans une politique de « maîtrise urbaine », celle des *villes nouvelles*. Les théories de E. Howard sur les cités-jardins seront à l'origine de ce concept ; il s'agit de créer de nouveaux pôles urbains autosuffisants et indépendants, ce qui nécessite de trouver un équilibre absolu emploi-population. À partir de cet axiome, deux types de villes nouvelles en France se créent selon les objectifs poursuivis par les planistes et les aménageurs.

Ce sont, d'une part, les villes nouvelles situées dans l'environnement – mais pas dans la continuité – d'une métropole, dans le souci de décongestionner et de structurer la région urbaine à une échelle plus importante que celle de l'agglomération de base. Les *new towns* autour de l'agglomération londonienne correspondent à ces caractéristiques. En France, ce sont les villes nouvelles situées autour des métropoles régionales de province comme celle de L'Isle-d'Abeau à l'est de Lyon.

Ce sont, d'autre part, les villes nouvelles situées dans la continuité spatiale d'une grande agglomération, et destinées à orienter et à structurer le développement des banlieues, sans volonté d'indépendance entre la « nouvelle ville » et la « ville mère ». Les cinq villes nouvelles de la région de Paris (Cergy-Pontoise, Melun-Senart, Marne-la-Vallée, Évry, Saint-Quentin-en-Yvelines) sont conçues comme des prolongements de la banlieue, et leurs nouveaux centres urbains doivent participer à la restructuration de celle-ci.

Situées dans la périphérie éloignée des agglomérations, les villes nouvelles empiètent largement sur les terres agricoles. Elles sont grandes consommatrices d'espace, 17 000 ha à Melun-Senart, 7 000 à Villeneuve-d'Ascq dans la banlieue de Lille. Chaque ville nouvelle est, par sa dimension, sans commune mesure avec les opérations menées dans la période antérieure, telles que les ZUP, qui ne portaient que sur une centaine d'hectares. Dans toutes les villes nouvelles, le centre urbain joue un rôle primordial et vise à la plurifonctionnalité : commerces, services, loisirs, administrations...

« La décision de bâtir des villes nouvelles est, comme l'écrit J. Coutras, la réaction immédiate à la prise de conscience, par les pouvoirs publics et les collectivités, des carences que les grands ensembles font peser sur la vie quotidienne des résidents et des désordres qui en découlent pour la communauté. »[1] Tel était le projet initial, mais il n'est pas certain qu'il ait été entièrement réalisé. En effet, on s'aperçoit que les liaisons (rail, route) avec la ville mère conditionnent le succès des villes nouvelles, même lorsque celles-ci prétendent vivre en toute indépendance. La plupart d'entre elles ne sont pas parvenues à trouver une autonomie suffisante en matière d'emplois : la ville mère continue à procurer du travail aux banlieusards des villes nouvelles. Si ces dernières paraissent s'imposer comme des villes à part entière, elles ne parviennent que difficilement à maîtriser le développement « anarchique » de la banlieue. Nées d'une démarche dirigiste, elles fabriquent leurs racines et cherchent encore leur culture.

Ce retour sur les origines de la formation de la banlieue et sur son évolution au cours des siècles conduit à affirmer qu'il n'y a pas *une* banlieue mais *des* banlieues. Sans avoir la prétention d'en dresser la typologie, on

1. J. Coutras, *Des villes traditionnelles aux nouvelles banlieues*, Paris, SEDES, 1987.

peut tout de même, à l'instar de P. Merlin et F. Choay, proposer les distinctions suivantes[1] :

– les *banlieues industrielles*, avec deux variantes. Celles dont l'espace est utilisé *quasi* exclusivement par des installations industrielles, et d'autres dont l'espace est occupé en partie par l'industrie et en partie par l'habitat ouvrier. Au cours des différentes phases de l'industrialisation, ces sites suburbains ont eu tendance à s'éloigner de plus en plus en direction de la grande banlieue ;

– les *banlieues résidentielles*, à propos desquelles il convient de distinguer des critères de variabilité.

• le type de construction majoritaire : immeubles collectifs (les ZUP), maisons individuelles (les lotissements pavillonnaires), les secteurs mixtes (certaines ZAC) ;

• les classes sociales dominantes : quartiers défavorisés, quartiers populaires, quartiers aisés (« bourgeois »), quartiers intermédiaires ;

• l'éloignement du centre : sans qu'il y ait de critère précis de différenciation, on parle de banlieue proche, moyenne et grande ;

• le mode d'intégration dans l'agglomération ou les facteurs d'indépendance par rapport à la ville-centre : importance des réseaux de communication, des équipements administratifs et socioculturels, des structures d'emplois, des commerces ;

• la qualité de l'environnement : la place des espaces naturels (eau, forêts, parcs...), la qualité architecturale, la densité urbaine, la présence de structures nuisibles (rocades, aéroports, industries polluantes, voies ferrées...), etc.

Tous ces facteurs de différenciation montrent que la banlieue n'est pas une entité géographique, urbanistique

1. P. Merlin, F. Choay, 1996, *op. cit.*

et sociale homogène ; c'est un espace complexe qui agglomère une grande diversité de lieux, d'activités et de populations. On y trouve aujourd'hui aussi bien des communes ayant bénéficié d'un accroissement démographique mesuré, que de petits noyaux villageois brutalement agrandis par l'édification d'ensembles collectifs ou par l'implantation de lotissements pavillonnaires. Mais la banlieue, c'est aussi des endroits chics et protégés, où l'on se sent comme dans un village, « entre soi »[1], des espaces suburbains transformés par la construction de zones industrielles et commerciales, ou encore des territoires boudés par les aménageurs et qui seront laissés en friche – « terrain d'aventure » – ou seront cultivés – « jardins familiaux ».

1. Y. Grafmeyer, *Quand le Tout-Lyon se compte, lignées, alliances, territoires*, Lyon, PUL, 1992 ; M. Pinçon, M. Pinçon-Charlot, *Dans les beaux quartiers*, Paris, Le Seuil, 1989.

Chapitre II

LE « MALAISE
DES BANLIEUES »

Le discours sur la crise de la ville, qu'il soit politique ou médiatique, porte semble-t-il de plus en plus exclusivement sur ce qu'il est convenu d'appeler le « malaise des banlieues ». Ces dernières représenteraient l'épicentre des problèmes urbains, mais aussi, et ce de façon de plus en plus précise, l'espace où se focaliseraient tous les maux de notre société. La « crise des banlieues » serait en quelque sorte la nouvelle *question sociale* de cette fin de siècle. Si l'emploi de l'expression « crise urbaine » en lieu et place de ce que l'on appelait naguère « crise sociale » n'apparaît pas forcément adapté à la réalité des faits, il est en revanche tout à fait clair que l'utilisation du terme « banlieue » pose, lui, véritablement question. En effet, comme nous l'avons vu, il ne renvoie pas à une entité spatiale homogène, mais plutôt à une masse hétérogène constituée de territoires spécifiques.

Même s'il ne faut pas faire d'amalgame entre tous les espaces périurbains, il reste que de nombreux quartiers, bien souvent de type grands ensembles d'habitat social, situés pour la plupart à la périphérie des villes, sont l'objet depuis une vingtaine d'années d'une lente et progressive dégradation et marginalisation (vieillissement du cadre bâti, détérioration des espaces publics, déliquescence du lien social, relations interethniques conflictuelles, développement des actes d'incivilité, pratiques toxicomaniaques en progression constante...). Après avoir circonscrit les processus de disqualification de certains quartiers périphériques, nous nous attacherons à présenter les principales caractéristiques de cette détérioration physique et sociale. Par ailleurs, nous aborderons les difficultés d'insertion sociale et professionnelle auxquelles les jeunes des banlieues « sensibles » se trouvent confrontés, et nous verrons aussi comment ceux-ci réagissent à l'exclusion dont ils sont souvent l'objet. Nous évoquerons ensuite le caractère ambivalent des jugements que les habitants portent sur leur quartier, espace rejeté ou territoire célébré. Enfin, nous parlerons des médias, et comment, en diffusant massivement certaines images de violence urbaine et parfois en amplifiant les phénomènes, ils ont, de fait, accentué la perception négative qu'inspirent ces quartiers « sensibles ».

I. – Les sources du malaise

La « crise urbaine » dont on parle beaucoup à l'heure actuelle se concentre à la périphérie des villes, et ce, essentiellement dans les grands ensembles HLM qui finissent par constituer des poches de pauvreté, devenant des lieux de *quasi*-relégation[1], dont l'évolution est difficilement prévisible. Les origines de cette disqualification sociale ne sont pas aisément repérables, tant les facteurs explicatifs sont à la fois nombreux et dépendants les uns des autres. Plus qu'à des phénomènes isolés et autonomes, nous avons affaire à une série de chaînes causales d'éléments disqualifiants, dont le point de départ est loin d'être facile à saisir. Nous décrirons ainsi, tout d'abord, un processus de transformation des fonctions des grands ensembles de banlieue, perdant en l'espace d'une quinzaine d'années leur fonction de sas pour devenir des territoires « cul de sac », véritables « nasses »[2], puis un processus, fort bien décrit par F. Dubet – qui dépasse largement les quartiers « sensibles » –, celui de la désindustrialisation des banlieues ou plus exactement de la division progres-

1. J.-M. Delarue, *Banlieues en difficultés : la relégation*, Paris, Syros/Alternatives, 1991.
2. M. Wieviorka *et al.*, *La France raciste*, Paris, Le Seuil, 1992.

sive des espaces de production et des espaces de résidence[1].

1. **Les grands ensembles, de l'espace de transition à l'espace de relégation.** – Contrairement à ce que l'on pourrait penser, le grand ensemble ne se caractérise pas simplement par le nombre de logements qu'il rassemble. En effet, les grands lotissements de petits pavillons aux États-Unis sont, comme les grands ensembles, une forme d'urbanisme de masse. Mais il existe d'importantes différences entre ces vastes ensembles de maisons individuelles et les grands ensembles constitués d'immeubles collectifs. Ces derniers correspondent à des effectifs beaucoup plus considérables concentrés sur des espaces relativement restreints, cela ayant pour conséquence une organisation des relations de voisinage très différentes. Cependant, le concept de grand ensemble repose pour une grande part sur un critère quantitatif, mais aussi sur un critère d'autonomie (relative). Y. Lacoste définit le grand ensemble comme « une masse de logements organisée en un ensemble (...) ; cette organisation repose sur la présence d'équipements collectifs (écoles, commerces, centres socioculturels...). Ces équipements sont généralement absents dans les groupes d'habitations qui comptent moins de 1 000 logements (soit environ 4 000 habitants), car ils n'y sont guère rentables en raison de l'insuffisance du nombre d'usagers »[2]. Le grand ensemble apparaît donc comme « une unité d'habitat relativement autonome formée de bâtiments collectifs, édifiés en un assez bref laps de temps, en fonction d'un plan global qui comprend plus de 1 000 logements environ ». Toujours selon Y. Lacoste, seraient en théorie « à exclure de ces grands ensembles véritables, voulus comme tels, les nombreux conglomérats inorganiques formés par la

1. F. Dubet, *La galère : jeunes en survie*, Paris, Fayard, 1987 ; F. Dubet et D. Lapeyronnie, *Quartiers d'exil*, Paris, Le Seuil, 1994.
2. Y. Lacoste, Un problème complexe et débattu : les grands ensembles, in *Bulletin de l'Association des géographes français*, 1963.

coalescence fortuite ou non de plusieurs petites opérations immobilières juxtaposées ».

A) *Signe de progrès urbain et social.* – À la fin des années 1950 et pendant pratiquement toute la décennie 1960, habiter dans les grands ensembles HLM représente une promotion. De nombreux Français issus de différents milieux sociaux (ouvriers, employés, professions intermédiaires et une faible partie des cadres supérieurs et des professions libérales en début de carrière professionnelle) veulent accéder aux nouveaux logements collectifs qui disposent de « tout le confort » : chauffage central, eau courante, salles de bain, WC intérieurs et indépendants, ascenseurs, vide-ordures... Beaucoup semblent satisfaits et ravis, d'autant plus que le souvenir du logement vétuste d'hier est encore très présent dans les esprits. Le commentaire de Maurice Bernard, ancien conseiller municipal de La Courneuve et habitant de la cité des 4 000 (logements) depuis sa construction, résume bien l'état d'esprit dans lequel se trouvait la majorité des Français à l'époque : « Les HLM, on n'imagine pas aujourd'hui la chance extraordinaire que c'était pour nous ! On quittait les taudis pour s'installer dans des constructions modernes, conçues selon les normes d'hygiène strictes. Il faut se souvenir de ce qu'était l'espace ouvrier jusque dans les années 1930 : une pièce enclose d'un mur capable de contenir un lit, c'était la définition légale... Alors les HLM... c'était le paradis ! »[1]

Toutes les municipalités, quelle que soit leur couleur politique, se lanceront dans l'aventure des grands ensembles qui reflètent, à l'époque, l'image de la modernité et qu'elles tiennent pour l'un des signes les plus patents du progrès aux portes des cités.

Dans les années 1960, l'ambition des architectes-urbanistes convertis aux idées du paradigme corbuséen était de faire de chaque grand ensemble une « cité ra-

---

1. Cité par C. Thibaud, *Qu'elle était rouge ma banlieue*, in *Télérama*, n° 2257, 1993.

dieuse », c'est-à-dire un espace fonctionnel favorisant l'intégration sociale par le mixage harmonieux des classes sociales au sein d'une communauté locale. Le grand ensemble devait être le creuset dans lequel allaient se constituer les formes de sociabilité de l'homme de l'an 2000[1].

B) *Désillusion et désertion.* – Si l'attrait pour les HLM locatives a bien été extrêmement fort en ces années d'expansion économique, on s'est vite rendu compte que la réalité des grands ensembles était fort éloignée des projets et des rêves de leurs concepteurs-projeteurs. Les chercheurs en sciences sociales qui s'intéressent à l'évolution de l'habitat social en France s'accordent sur les raisons de cette déconvenue et désillusion[2].

Tout d'abord, la localisation périphérique des grands ensembles dans des zones résiduelles mal reliées au tissu urbain dynamique et inutilisables pour d'autres activités a eu pour conséquence leur marginalisation et leur exclusion tant sur le plan physique que symbolique. Par ailleurs, les grands ensembles, qui sont le résultat d'une politique de construction de logements sociaux où les soucis de quantité, de rapidité d'exécution, de productivité, d'industrialisation du bâtiment ont pris le pas sur la recherche de qualités architecturales, urbaines et techniques, n'ont pas toujours permis d'offrir un habitat adapté aux diverses exigences des locataires. Ceux-ci se sont rapidement plaints de la médiocrité générale : utilisation difficile de certains espaces (la cuisine trop exiguë par exemple), conception des logements rapidement obsolète, absence *quasi* totale d'isolation phonique et thermique, aménagement sommaire des espaces extérieurs, dégradation rapide des matériaux, etc.

1. M. Blanc, QHS : Quartier d'habitat social ou de haute sécurité, in *En jeu,* n° 14, 1983.
2. J. Ion, Processus d'évolution des grands ensembles, in *Ségrégation spatiale,* Paris, Le Plan Construction, 1978 ; J.-P. Tricart, *Pauvreté et précarité. Le logement social dans le contexte d'une crise durable,* in *Vivre ensemble dans la cité,* Assises pour l'avenir des cités d'habitat social, Paris, UNFOHLM, 1981 (multigr.).

Enfin, les architectes-urbanistes espéraient que la réalisation de ces grands ensembles leur donnerait l'occasion de satisfaire le désir qu'ils avaient de créer une communauté idéale où les divisions de classes disparaîtraient. Ces nouveaux quartiers devaient être « le support écologique de la culture de masse (...) et la genèse d'une autre société »[1]. On pensait que l'agrégation d'individus sur un espace restreint permettrait l'élaboration de liens sociaux. Certaines mises en garde s'exprimaient pourtant déjà depuis fort longtemps. Max Weber, par exemple, écrivait au début du siècle qu' « il existe une tendance fondamentale non pas à resserrer les liens, mais plutôt à maintenir la plus grande distance possible en dépit (ou précisément à cause) de la proximité physique »[2]. Y. Grafmeyer et I. Joseph font remarquer que « la proximité physique n'exclut pas la distance sociale. Elle peut au contraire la révéler et la renforcer, en suscitant des tensions et des conflits bien différents, dans leur nature, des petites frictions observables dans la communauté villageoise »[3]. Par ailleurs, penser qu'il y aurait des rapports de voisinage harmonieux dans les nouvelles cités HLM, c'était sans doute oublier que ce type d'habitat rapprochait des catégories sociales pour lesquelles les formes de sociabilité diffèrent. J.-C. Chamboredon et M. Lemaire ont montré combien il était illusoire de penser que la « proximité spatiale » serait le catalyseur de la convivialité[4]. En effet, des conflits que l'on n'imaginait pas sont apparus, opposant des groupes sociaux pourtant fort proches, tels qu'ouvriers qualifiés et ouvriers non qualifiés. De plus, on n'avait pas prévu que les couches les plus défavorisées de la société française formeraient un jour le *nucleus* persistant de la population

1. R. Kaës, *Vivre dans les grands ensembles*, Paris, Éd. Ouvrières, 1963.
2. M. Weber, *Économie et société I*, Paris, Plon, 1971 (1ʳᵉ éd., 1922).
3. Y. Grafmeyer, I. Joseph, *L'école de Chicago. Naissance de l'écologie urbaine*, Paris, Aubier-Montaigne, 1984.
4. J.-C. Chamboredon, M. Lemaire, Proximité spatiale et distance sociale. Les grands ensembles et leur peuplement, in *Revue française de sociologie*, vol. XI, 1970.

LIBRARY UNIVERSITY COLLEGE CHESTER

des grands ensembles – représentant pour elle une « fin de carrière urbanistique » ou encore un habitat de relégation –, en raison de la désertion ou plus exactement du bref passage de la classe moyenne dans l'habitat social – correspondant pour elle au début de son parcours urbanistique : un espace temporaire, un habitat de transit. La classe moyenne, en réalité en pleine mobilité sociale ascendante, était plutôt attirée par un autre type d'habitat : la résidence plus proche du centre ville, mais aussi et surtout le pavillon individuel.

Ces mouvements de déplacement et de redistribution des populations consécutifs à l'évolution structurelle du marché du logement seront un élément déterminant de ségrégation sociale vis-à-vis de ces zones d'habitat social nouvellement édifiées aux portes des villes. De plus, la diversification des filières de financement (Trésor, Caisses d'épargne, Crédit foncier...) et des normes d'attribution des logements HLM[1] sera un facteur supplémentaire de discrimination. Enfin, la crise économique, à partir de 1975, accélérera le processus de dévalorisation et de rejet : ceux qui avaient l'espoir de partir des cités n'en ont plus les moyens, et les nouveaux arrivants – immigrés ou français – sont pour une grande majorité dans une situation plus précaire encore que leurs prédécesseurs. Population d'origine française en régression sociale et population d'origine étrangère sans perspective de promotion se trouvent confrontées : la première voit la seconde comme un miroir reflétant l'échec de ses espoirs d'élévation sociale, ce qui rend la cohabitation extrêmement tendue et difficile.

Ainsi, les grands ensembles, initialement emblème du progrès et de la modernité, convoités pendant plus de

---

1. Dans les années 1950-1960, la législation HLM continuera à évoluer progressivement ; elle propose plusieurs types de logements sociaux : les HLM dits « ordinaires » (HLMO), les programmes à loyer réduit (PLR), les programmes sociaux de relogement (PSR), les logements populaires et familiaux (LOPOFA) pour les plus pauvres, les immeubles à loyer moyen (ILM) et les immeubles à loyers normaux (ILN) pour les classes moyennes.

dix ans et servant d'habitats *transitionnels* pour une bonne partie de la population française, sont devenus au fur et mesure du temps un lieu où des personnes se sentent contraintes de vivre, car elles n'ont plus d'autre possibilité, et savent de plus qu'elles ne pourront pas s'en « échapper ». Ces territoires d'*exil*, où les nouvelles catégories de population sont fortement marquées par des taux élevés de chômage, d'immigration et de pauvreté, constituent aujourd'hui de véritables enclaves urbaines dans lesquelles ni les ouvriers qualifiés, ni les classes moyennes, pas plus que les fonctionnaires et les travailleurs sociaux qui y exercent leur profession, n'envisagent de vivre[1].

2. Les banlieues ouvrières, du lieu de l'intégration au lieu de l'exclusion.

– La fin de l'accroissement des effectifs de la classe ouvrière, puis leur diminution dans les années 1974-1980 – le pourcentage d'ouvriers dans la population active passe de plus de 40 % en 1970 à 29 % en 1990 –, s'accompagnent d'une mutation majeure de cette catégorie sociale et surtout de l'organisation sociospatiale et socioculturelle qu'elle avait modelée au fil des décennies au sein des « banlieues rouges ».

Les quartiers ouvriers traditionnels construits à proximité des usines sont délaissés lors des grandes mutations industrielles de la période des *Trente Glorieuses*, au profit des grands ensembles et des quartiers pavillonnaires éloignés, pour la plupart, des zones industrielles. Dans ces nouveaux espaces résidentiels se côtoie une population très hétérogène : des jeunes ménages qui débutent dans la vie professionnelle, des employés, des cadres moyens en attente d'un meilleur espace de vie et des ouvriers qui accèdent enfin à un logement confortable. Le déplacement de population et la mixité sociale a pour conséquence un affaiblissement des liens communautaires, qui entraîne à son tour un repli sur l'espace privé, c'est-à-dire sur le logement lui-même.

1. F. Dubet, 1995, *op. cit.*

Les nouveaux territoires de vie ainsi constitués, bien souvent sans rues, sans ruelles, ni places, ne possèdent plus les repères socio-urbanistiques que l'on avait dans les anciens quartiers ouvriers, où la rue par exemple était un espace soumis au contrôle diffus des adultes ; chacun pouvait « jeter un coup d'œil » sur les enfants et, surtout, se permettait d'intervenir parce que l'on partageait des normes communes. Dans les quartiers nouvellement construits, ce contrôle social s'est affaibli, car les habitants sont des étrangers les uns pour les autres, et l'on renonce à interpeller un enfant dont on ne connaît pas les parents. Aussi, très rapidement, les jeunes, qui sont pratiquement les seuls à occuper les territoires publics (pelouses, cages d'escalier, caves...), sont-ils perçus comme un groupe à part, parfois dangereux, et dont il faut se protéger.

Les banlieues « sensibles » ne se délitent pas seulement en raison de la désagrégation d'une organisation communautaire, note F. Dubet, « elles souffrent aussi de l'épuisement du mouvement ouvrier » : de moins en moins d'ouvriers ont le sentiment d'appartenir à la même classe sociale, les taux de syndicalisation ont considérablement baissé, la conscience d'être à l'un des pôles d'un conflit d'intérêts s'étiole[1]. Devant cet éclatement professionnel de la classe ouvrière, un nouveau prolétariat se constitue, marqué plus par la pauvreté, la marginalité et le repli sur soi, que par le désir de transformation sociale. Le mouvement ouvrier, en tant que mouvement social, ne parvient plus à diffuser ses projets collectifs et ses utopies d'un monde meilleur et d'une société idéale, ni à mobiliser les « forces productives » contre les injustices sociales et l'égoïsme général.

À cette désagrégation de la communauté ouvrière viennent s'ajouter l'affaiblissement ou la disparition des organisations intermédiaires, tels que les syndicats de quartiers, les associations, les partis politiques, les comités des fêtes, qui assuraient spontanément la médiation

1. F. Dubet, 1987, *op. cit.* ; F. Dubet, 1995, *op. cit.*

entre les citoyens et les institutions étatiques, ainsi qu'une certaine régulation sociale. Désormais, les centres sociaux sont invités à organiser les loisirs, les clubs de prévention sont mobilisés pour occuper les jeunes, les travailleurs sociaux sont sollicités pour trouver un stage et des formations, la police, les îlotiers ou les « médiateurs » sont engagés dans la résolution des conflits de voisinage... mille services, accomplis aujourd'hui par des professionnels et des techniciens, et qui étaient auparavant, pour une grande partie, assurés par des structures associatives – de relais – issues de la population, des municipalités, et considérés comme un formidable instrument d'intégration des jeunes, des ruraux, des étrangers, des plus démunis... Par le travail, les syndicats, la communauté populaire, les « banlieues rouges » pouvaient en quelque sorte absorber les nouvelles populations et les individus qui se retrouvaient à la marge de la société[1].

Comme on le voit, le malaise des banlieues « sensibles » ne peut être expliqué par un seul phénomène. Il n'est pas exclusivement le produit d'un urbanisme fonctionnel ou d'une architecture rationnelle et imposante, pas plus qu'il n'est seulement l'effet des conséquences de la crise économique (chômage, pauvreté, marginalisation), ni celui des seuls problèmes d'intégration des immigrés.

II. – La spirale de l'exclusion et de la précarisation

1. La disqualification sociale[2]. – Lorsque l'on aborde la « crise des banlieues », on fait souvent référence aux phénomènes d'exclusion et de précarisation, en suggérant qu'ils sont essentiellement imputables à des facteurs économiques : la montée du chômage de longue durée qui frappe à la fois des jeunes sans expérience professionnelle, des femmes et des travailleurs plus âgés ayant

---

1. F. Dubet, D. Lapeyronnie, 1994, *op. cit.*
2. S. Paugam, *La disqualification sociale*, Paris, PUF, 1997.

perdu leur emploi à la suite d'un licenciement économique, la prolifération des emplois précaires et les difficultés d'insertion professionnelle des populations les moins qualifiées, etc. Mais la détérioration du marché de l'emploi n'est pas la seule cause de la progression des formes nouvelles de pauvreté. Il est en effet nécessaire de prendre en compte un certain nombre d'épiphénomènes, tels que la déliquescence des liens sociaux et des structures de socialisation, l'instabilité des solidarités familiales, les ruptures conjugales ou encore l'affaiblissement des relations d'entraide à l'intérieur des groupes sociaux. Une étude a montré que les problèmes d'ordre affectif et relationnel – relations conflictuelles avec le conjoint, les amis, absence de communication avec la famille, le voisinage – jouent également un rôle important dans le processus de marginalisation, même si les difficultés professionnelles en restent l'élément déterminant[1]. On ne peut approcher la précarité d'un point de vue seulement économique et strictement monétaire, il convient d'adopter un point de vue plus large, en y associant la fragilité professionnelle et relationnelle ; dans cette perspective, le nombre de ménages vulnérables ne cesse de progresser depuis une vingtaine d'années.

Le processus de marginalisation sociale, que S. Paugam nomme plutôt *disqualification sociale*, se déroule en trois phases. La première est celle de la *fragilité*. Les emplois précaires, les « petits boulots » occasionnels, les stages d'insertion « cul de sac », le chômage, sont autant d'épreuves douloureuses. Les personnes qui font ce type d'expérience se considèrent comme déclassées, c'est-à-dire placées dans une situation socialement inférieure, et qui, si elle se répète, surtout chez les plus jeunes, peut à la longue aboutir à la perte d'espoir d'accéder à un « vrai » emploi. Lorsqu'elles résident de plus dans des cités faisant l'objet d'une mauvaise réputation, ces personnes

---

1. S. Paugam *et al.*, *Précarité et risque d'exclusion en France*, Paris, La Documentation française, coll. « Documents du CERC », n° 109, 1993.

préfèrent dissimuler leur adresse lors d'une recherche d'emploi, de crainte d'être assimilées aux résidents discrédités de ces cités. Dans le même ordre d'idées, ne pas avoir de logement stable et être obligé d'habiter dans des foyers d'hébergement, par exemple, génère souvent une angoisse face à l'avenir. Le déclassement professionnel, et donc social, est vécu comme une épreuve psychiquement humiliante, qui incite au repli sur soi, et qui dans bien des cas engendre un profond sentiment de culpabilité, pour peu qu'une rupture des liens conjugaux et/ou familiaux vienne s'y ajouter. À la fragilité succède la *dépendance*. Cette deuxième phase du processus de disqualification sociale se caractérise par le recours aux services d'action sociale. Certaines personnes connaissant plusieurs échecs successifs dans leur entreprise d'insertion socioprofessionnelle ou des éloignements répétés du marché du travail vont se tourner vers les assistants de service social, en justifiant leurs démarches par la faiblesse de leurs ressources. Il leur faut alors accepter les contraintes du statut d'assisté, et ainsi faire l'apprentissage des rôles sociaux correspondant aux attentes des travailleurs sociaux dont elles dépendent d'une certaine façon. La troisième phase enfin est celle de la *rupture*. Elle se caractérise par un faisceau de difficultés majeures : éloignement de la sphère du travail, rupture des liens familiaux, absence de logement, privation de revenu stable, problèmes de santé, etc. Elle est le résultat d'une série d'échecs aboutissant à une importante marginalisation. N'ayant plus guère d'espoir de s'en sortir véritablement, les individus en situation de rupture se sentent inutiles, et nombre d'entre eux vont chercher dans les pratiques alcooliques et/ou toxicomaniaques la compensation à leur détresse et à leur misère.

Il reste que le passage de l'une à l'autre de ces phases n'est heureusement pas systématique et que tous les individus confrontés à la précarité n'en font pas l'expérience.

2. **L'accumulation des handicaps.** – Le processus de disqualification sociale d'un espace se traduit, entre au-

tres, par une concentration des ménages défavorisés dans certains quartiers aux nombreuses carences urbanistiques et architecturales. Plusieurs enquêtes ont permis d'appréhender l'ampleur de ce phénomène et de dégager les quelques caractéristiques communes à ces territoires en difficulté[1]. Le corpus de ces études était constitué des 528 quartiers jugés prioritaires dans le cadre de la politique de la ville. On peut tout d'abord y repérer les éléments structurants de base.

– Les quartiers en difficulté sont, pour une grande part, éloignés des centres villes (qu'ils soient administratifs, culturels, commerçants, historiques, ou un peu tout à la fois). Ils sont coupés des villes, enclavés, parce que traversés ou bordés par des voies express ou par une autoroute. Par ailleurs, cette coupure et cet éloignement sont accentués par le déficit de transports collectifs. De nombreuses autres nuisances viennent encore assombrir ce tableau : par exemple, 70 % des quartiers sont proches d'une ligne de chemin de fer ou d'un échangeur (31 %), 45 % sont survolés par une ligne à haute tension.

– La dégradation du cadre bâti constitue une autre constante de ces quartiers. Elle résulte essentiellement de la mauvaise qualité des matériaux utilisés à une époque où l'urgence et le quantitatif prédominaient sur le qualitatif. À cela s'ajoute une certaine désuétude du logement, avec essentiellement des défauts d'étanchéité et une mauvaise isolation acoustique et thermique : beaucoup de ces quartiers correspondent en effet aux anciennes ZUP construites pendant les décennies 1950-1960.

– La majorité des quartiers « sensibles » sont composés de grands immeubles, de type « tour » ou « barre », caractérisés par la prédominance du linéaire et du monumental.

– Dans ces territoires défavorisés, on constate la présence d'une population jeune – 32,9 % des habitants ont

---

1. J.-M. Delarue, 1991, *op. cit.* ; M. Castellan *et al.,* Les quartiers prioritaires de la politique de la ville, in *INSEE Première*, n° 234, 1992.

moins de 20 ans, contre 26,5 % au niveau national – et un nombre plus important de familles nombreuses – 7,5 % des ménages comptent six personnes et plus, contre 3,2 % pour l'ensemble de la France. La proportion des plus de 65 ans est assez faible – 9,2 %, contre 14,7 % au niveau national –, et celle des personnes seules est sensiblement plus élevée que celle du territoire national – 28,3 %, contre 27,1 %. Enfin, les familles monoparentales y sont un peu plus nombreuses que dans l'ensemble du pays.

– 18,3 % des habitants vivant dans ces quartiers sont de nationalité étrangère, contre 6,3 % en France. Leur pays d'origine est le plus souvent situé en dehors de la CEE : c'est le cas de 80,8 % d'entre eux.

À ces éléments, il faut en ajouter deux autres qui découlent de l'évolution économique du pays ou qui sont plus ou moins en rapport avec les éléments de base présentés ci-dessus.

– Sur l'ensemble des quartiers prioritaires, la moyenne du taux de chômage atteint pratiquement le double du chiffre national – 19,7 %, contre 10,8 %. Chez les 20-24 ans, 34 % des femmes et 24 % des hommes sont sans emploi, contre respectivement 25 % et 15 % en France métropolitaine. Il existe néanmoins de grandes disparités d'un quartier à un autre, le taux de chômage pouvant varier de 4 % à 58 %.

– L'importance du sous-emploi et du chômage a des répercussions directes sur les revenus des populations disqualifiées, ainsi que sur leur capital culturel et sur la scolarité des enfants, la rendant pour le moins chaotique (redoublements successifs, absentéisme fréquent...).

Les quelques indicateurs territoriaux, économiques, démographiques et sociaux évoqués caractérisent les quartiers en difficulté. Mais l'habitat socialement disqualifié ne résulte pas seulement de la concentration territoriale des ménages défavorisés. Il est le produit, comme nous l'avons montré au début de ce chapitre, d'un long et lent processus aux multiples facettes, d'une mécanique insidieuse – qui s'est accélérée ces dix dernières années –, et qui a fini par créer des quartiers de plus en plus marginalisés et paupérisés. En reprenant les indicateurs ci-dessus, on peut observer une unification, une sorte d'homogénéisation sociale de la population disqualifiée qui pourrait donner lieu à l'élaboration de l'*idéal type* d'un nouveau prolétariat partiellement composé d'immigrés. Le caractère homogène de sous-prolétarisation, de paupérisation de ces quartiers a fini par les reléguer comme des espaces de « mal-vivre », des territoires de la misère.

III. – Les jeunes et l'exclusion

Cette photographie des quartiers « sensibles » serait incomplète si l'on n'abordait pas le problème de la jeunesse. En effet, cette dernière, souvent montrée du doigt lors des émeutes urbaines, connaît des difficultés d'insertion sociale et professionnelle. Une partie de cette catégorie de population (enfants d'immigrés, jeunes sortis du système scolaire, etc.), se sentant rejetée de la société, s'enfonce dans la « galère »[1]. Cette expérience, parsemée d'incivilités et de délinquance, remplacerait, d'une certaine façon, le phénomène des « bandes » qui avait cours auparavant lors des années d'expansion industrielle.

1. Le phénomène des bandes et la déviance. – Assez tôt, la sociologie s'est intéressée au phénomène des « bandes de jeunes ». Ainsi, F. Thrasher entreprend dès 1927 un travail de recherche sur les bandes de Chicago et de sa région[2]. Même s'il existe des formes différentes de bande, aux objectifs spécifiques – « bandes de copains », « groupes de jeunes », « organisations aux frontières de la criminalité », « gangs » –, il n'en reste pas moins, nous dit l'auteur, que les jeunes qui s'y retrouvent présentent des caractéristiques communes : issus de mi-

1. F. Dubet, 1987, *op. cit.*
2. F. Thrasher, *The Gang*, Chicago, University of Chicago Press, 1936.

lieux populaires, ils appartiennent pour la plupart à des familles de migrants, italiens ou polonais, qui connaissent des difficultés d'intégration à la société américaine ; ils ont fréquenté les mêmes écoles, les mêmes territoires de jeux et ont vécu dans des aires de voisinage proches. Tout cela tend à montrer que la bande s'enracine dans une communauté dont elle reproduit les éléments dominants. Elle n'est rien d'autre en fait qu'une forme de « sociabilité "juvénile" » enracinée dans une culture et un univers social typiques : un « micro-milieu »[1]. Se trouve donc ici posée la question de l'articulation entre la ou les cultures(s) populaire(s) et les cultures des jeunes issus des catégories sociales défavorisées qui se retrouvent en bande dans les espaces publics. Existerait-il ainsi au cœur de la ou des culture(s) populaire(s), à un moment donné du parcours des individus, qui en sont originaires, les ingrédients de la marginalité, voire de la déviance ? Reprenant cette question à leur compte, de nombreux chercheurs vont par la suite s'efforcer d'établir que, lorsque l'on est migrant, dans des conditions précaires de sous-prolétarisation, on est toujours aussi dans une situation de marginalité, qui *prédispose* (ce qui ne signifie pas qu'elle les produit nécessairement) à la déviance ou à la délinquance lorsque les circonstances se modifient[2].

Tout comme F. Thrasher avait commencé à le percevoir, les sociologues de l'École de Chicago montrent que les bandes ou plus simplement les groupes de jeunes ne sont qu'un phénomène consacré et ordinaire au regard des cultures populaires et/ou au regard des cultures de minorités ethniques. D'une façon générale, leur intégration s'effectue graduellement par l'éducation parentale et scolaire, l'inculcation des valeurs dominantes, l'entrée dans la vie adulte et bien souvent par une amélioration

1. J.-C. Lagrée, *Marginalités juvéniles,* in S. Paugam (sous la dir.), *L'exclusion : l'état des savoirs*, Paris, La Découverte, 1996.
2. A. Cohen, *Delinquent Boys. The Culture of the Gang*, Londres, Routledge & Kegan Paul, 1956 ; R. Cloward, L. Ohlin, *Delinquency and Opportunity. A Theory of Delinquant Gangs*, Londres, Routledge & Kegan Paul, 1960.

des conditions de vie. Et si des dérèglements occasionnels interviennent, le groupe social dispose des outils nécessaires pour en assurer la régulation.

Par ailleurs, les sociologues américains affirment que le passage à la délinquance, qui survient dans des circonstances exceptionnelles, dues essentiellement à des *aggiornamento* brutaux, reste un fait somme toute assez minoritaire. C'est par exemple la grande crise de la fin des années 1920 qui va déstabiliser les systèmes d'autorégulation des ghettos américains et engendrer la désorganisation sociale, laissant se propager les bandes de jeunes, qui pour beaucoup se transformeront en gangs.

Si l'expansion économique, au tournant des années 1960, tend à atténuer la marginalité juvénile, il reste que les nouveaux cadres sociaux et culturels qui l'accompagnent auront tendance à contrecarrer ce phénomène. C'est la constitution d'une nouvelle configuration culturelle qui pendant un temps déstabilise les repères, rejette les normes et remet en question les référentiels. Cette désorganisation sociale – cette crise de restructuration sociale et culturelle, pourrait-on dire – a engendré le développement des bandes de jeunes – Blousons noirs[1], Teddys Boys, etc. – dans de nombreux pays industrialisés. Comme l'a rappelé R. K. Merton, le phénomène des bandes est une des manifestations de l'anomisation d'une société[2].

Pendant longtemps, les chercheurs en sciences sociales vont encore privilégier la thèse du processus de désorga-

---

1. Les Blousons noirs en France, dont le développement correspond à l'apogée du rock n'roll (1956-1965), se révolteront contre la société de consommation dont ils se sentent exclus. J.-C. Lagrée note à leur propos que, ne pouvant entrer de plein droit dans la société, ils refuseront les règles du jeu social. « Par contre, au sein même de la bande, jamais ne sera remise en question cette valeur essentielle du système social : affirmer son identité et son intégrité par la consommation ostentatoire » (J.-C. Lagrée, *Les jeunes chantent leurs cultures,* Paris, L'Harmattan, 1982).
2. R. K. Merton, R. Nisbet, *Contemporary Social Problems : An Introduction to the Sociology of Deviant Behavior and Social Disorganization,* Harcourt, Brace & World, 1961.

nisation sociale des communautés populaires (quartiers ouvriers, quartiers de migrants démunis...), pour expliquer les phénomènes de marginalisation et de délinquance. Peter Willmott mettra en évidence, par exemple dans le cadre d'une recherche sur *Bethnal Green*, un quartier ouvrier de l'Est londonien, que la « bande » ou le groupe de copains n'est qu'un phénomène normal et familier, lié aux préoccupations adolescentes construites à partir de la culture populaire, et qui a tendance, dans la grande majorité des cas, à disparaître avec l'entrée dans la vie adulte[1].

À la même époque, Henri Coing montre les effets de la désorganisation et de la déstructuration d'un quartier ouvrier traditionnel situé dans le 13e arrondissement parisien, à la suite d'une opération de rénovation urbaine[2]. Au centre de cette recherche, on trouve la problématique de l'anomie considérée à un niveau micro-sociétal, celui du quartier, là où « se tisse la trame de la vie sociale ». Le territoire du quartier, compris comme un vecteur d'intégration sociale, est le lieu où les habitants construisent leurs rapports avec le reste de la société. Cette approche circonscrite de l'intégration, et donc de l'exclusion sociale, sera développée par quelques chercheurs, notamment par Richard Hoggart[3], ou plus récemment par Olivier Schwartz[4]. Dans toutes ces études ethnosociologiques, le quartier ouvrier est décrit comme un « micro-univers social », une communauté, une collectivité résidentielle, « porteur d'une identité collective, avec ses repères, ses normes, son système de régulation propre, dont quelques acteurs particuliers, le cafetier, la concierge, le facteur, etc., assurent la perpétuation. C'est en cela qu'il est un lieu d'intégration sociale »[5]. Confron-

1. P. Willmott, *Adolescent Boys of East London*, Londres, Penguin Books, 1966.
2. H. Coing, *Rénovation urbaine et changement social*, Paris, Éd. Ouvrières, 1966.
3. R. Hoggart, *La culture du pauvre*, Paris, Minuit, 1970.
4. O. Schwartz, *Le monde privé des ouvriers*, Paris, PUF, 1990.
5. J.-C. Lagrée, 1996, *op. cit.*

tées à un monde individualiste, les populations les plus démunies trouvent dans la communauté de quartier la force de s'intégrer dans la société. Lorsque survient une restructuration physique (rénovation urbaine), et/ou un désordre économique (fermeture d'usine), et/ou un déséquilibre social (paupérisation d'une grande partie de la population), l'anomie s'installe à mesure que s'estompent les normes, les référentiels, les valeurs et les solidarités par lesquels les individus s'ancraient dans la ou, du moins, dans leur société.

La majorité des études en sciences sociales réalisées depuis les travaux de F. Thrasher s'appuient sur la théorie de l'émergence des bandes comme réponse à un processus de désorganisation sociale. Les groupes sociaux de ce type se seraient constitués dans une logique d'intégration « collective », à partir des cadres socioculturels dominants du milieu (quartier ethnique, quartier pauvre, quartier ouvrier) dans lequel ils s'enracinaient. Ces bandes organisées, avec leur structure hiérarchique, leurs signes identificatoires, leur rituel, émergeant dans le sillage de la « société industrielle », symbolisant d'une certaine façon les antagonismes de classe – comme les Blousons noirs des années 1950-1960 en France –, ont-elles aujourd'hui disparu ?

Si quelques chercheurs pensent que ce type de bande existe toujours[1], il reste que dans une très large mesure la communauté scientifique (sociologues, psychosociologues, etc.) montre que ces regroupements se sont éclipsés avec la désintégration de la classe et de la culture ouvrières, et qu'elles ne vivent plus que dans un mythe médiatique entretenu pour dramatiser certains débordements de la jeunesse. À cette forme collective d'organisation juvénile, se seraient substituées des conduites, plus souvent le fait d'individus, ou de petits groupes, que l'on qualifie, faute de mieux, de « déviantes ». Les jeunes – originaires des classes populaires – se retrouvent à « traîner » leur

---

1. Notamment P. Louis et L. Prinaz, *Skinheads, Taggers, Zulus & Co.*, Paris, La Table ronde, 1990.

ennui aux bas des tours de leurs cités HLM, à faire, en quelque sorte, l'expérience de ce que l'on appelle la « galère ».

2. La « galère ». – À l'instar de F. Dubet, O. Galland nous dit que les jeunes de la « galère » sont ceux qui vivent dans les banlieues « sensibles », où la dégradation du cadre bâti semble accompagner et illustrer la détérioration du climat et des relations sociales. Ils sortent du système scolaire à 16 ans sans diplôme, s'ennuient dans les cités, passant de stages de formation à des périodes de chômage, entrecoupées parfois de « petits boulots », ou tentent d'augmenter leurs faibles ressources par de menus larcins ou de petits trafics. Ils font aussi de temps à autre parler d'eux dans les médias à l'occasion des flambées de violence dont les bâtiments, les adultes et surtout tout ce qui représente l'État, la « chose publique » (véhicules de transport urbain, policiers, pompiers, etc.), sont les cibles principales[1].

La « galère », qui résulte « de la décomposition du système d'action de la société industrielle, de la rupture d'un mode d'intégration populaire traditionnel, de l'épuisement d'un acteur historique – le mouvement ouvrier – et enfin, du déblocage et de la transformation de certaines formes de participation et de mobilité », s'organise à partir de trois logiques : 1 / la « désorganisation » ; 2 / l' « exclusion » ; et 3 / la « rage »[2].

La *désorganisation sociale* de la vie des cités « sensibles », ce que les jeunes appellent dans leur langage la « pourriture », la « merde », est alimentée par la pauvreté et la dégradation du cadre bâti, mais surtout par des rapports sociaux faits de méfiance, d'hostilité et de tensions. Dans ce paysage, qui est celui d'un monde défait, l'activité délinquante – la petite délinquance surtout, celle qui perturbe la vie quotidienne par les vols de scooters, les fractures de boîtes aux lettres, les incendies de

1. O. Galland, *Les jeunes*, Paris, La Découverte, 1996.
2. F. Dubet, 1987, *op. cit.* ; F. Dubet, D. Lapeyronnie, 1994, *op. cit.*

poubelles, par les petits trafics divers et illégaux, etc. – est présentée par les jeunes comme un phénomène « ordinaire », « banal », comme un élément du tableau de l'entière désorganisation de leur environnement.

Le second principe à partir duquel se structure le discours et les conduites est celui de l'*exclusion*. Le monde des banlieues défavorisées n'est pas seulement désorganisé, il est également envahi par un sentiment d'exclusion. Celui-ci naît avant tout du mépris et de la mauvaise image de marque dont les banlieues – HLM essentiellement – sont l'objet. Il s'alimente par ailleurs de l'accumulation des difficultés socio-économiques – concentration d'allocataires du RMI, de familles monoparentales, d'immigrés paupérisés, etc. Devant cette situation d'exclusion, F. Dubet note deux types de réactions. Soit on la vit comme une situation d'échec : les jeunes se considèrent alors comme impuissants, et ont le sentiment d'être hors jeu ; ils se sentent contraints par un destin et se replient ; la société étant perçue comme un ordre rigide et immuable, toutes les énergies restantes sont orientées vers la survie. Soit on ressent une forme de frustration qui conduit souvent vers des activités délinquantes. La frustration devient ainsi l'élément central de l'explication de la délinquance par les jeunes. Cette dernière apparaît comme une stratégie d'intégration illégale, tout simplement parce que les chemins de l'intégration légale sont obstrués.

La désorganisation sociale avec ses conduites anomiques, et l'exclusion, avec l'échec et la frustration, ne suffisent pas à cerner la « galère » qui est également commandée par ce que F. Dubet et les jeunes eux-mêmes appellent la « rage ». Il s'agit d'une sorte de disposition personnelle habitant les jeunes et pouvant exploser violemment à l'encontre des personnes et/ou des biens matériels sous les prétextes les plus divers. Cette « expression de violence pure » n'a pas d'adversaire social ; elle se cristallise sur les représentants de l'ordre et de l'autorité (élus, policiers, syndicalistes, enseignants, etc.). La « rage », qui débouche sur la haine de tout, de tous et même de soi-même, n'est pas construite autour d'un mouvement social, d'une utopie sociale ou d'un projet ouvrier, mais se déploie au contraire, selon Dubet, dans le vide laissé par la conscience de classe, ses représentations et ses valeurs.

Ne reposant sur aucun principe stable, la « galère » est productrice de conduites imprévisibles et incohérentes. C'est en cela que Dubet affirme que la « galère » ne peut s'assimiler à une « sous-culture juvénile d'un monde populaire » : elle ne correspond ni à la sous-culture de l'indétermination statutaire de l'adolescence (Parsons)[1], ni aux théories de la sous-culture de la bande qui mettent en évidence les liens entre la déstructuration sociale et la formation des gangs (Thrasher). Sur ce dernier point, F. Dubet fait remarquer que les jeunes de la « galère » ne sont pas organisés en bande (on ne retrouve pas en effet les traits caractéristiques de la bande : il n'existe ni hiérarchies, ni patronymes, ni territoires âprement défendus, par exemple) et qu'ils ne se définissent pas par des appartenances de groupe, mais plutôt par « une myriade de choix électifs flottants ».

Les comportements de ces jeunes relèveraient donc de l'action de « classes dangereuses » – comme celles que L. Chevalier[2] a décrites dans son livre consacré à l'émergence de la classe ouvrière au XIXᵉ siècle – mues essentiellement par une « rage » sans objet ni projet[3], qui

---

1. T. Parsons pense qu'il se crée une sous-culture des jeunes, potentiellement marginale et délinquante, qui serait un produit de la crise émergeant lors de la période transitionnelle – de plus en plus longue – enfance-adulte. Cette sous-culture – Parsons parle de « civilisation des jeunes » – permet aux adolescents de se repérer dans le jeu des orientations antagonistes, de réduire l'anomie, et de créer des espaces de déviance tolérée exerçant les fonctions de régulation du système (cf. T. Parsons, Âge et sexe dans la société américaine, in *Éléments pour une sociologie de l'action*, Paris, Plon, 1965).
2. L. Chevalier, 1958, *op. cit.*
3. À propos des débordements violents qui ont eu lieu au cours des manifestations lycéennes d'octobre 1998 à Paris, certains médias et quelques hommes politiques se sont exprimés sur la « rage » de certains jeunes venus des « banlieues ». À cette occasion, comme au temps des « classes dangereuses », on a parlé des « jeunes enragés », des « hordes de sauvages », des « sauvageons », qui envahissent les centres villes, qui cassent les vitrines et volent, qui peignent sur les murs...

n'est établie ni sur la formulation d'un dessein historique, ni sur la détermination d'un adversaire à combattre.

Mais l'analyse en termes de « classe dangereuse » suffit-elle pour comprendre les comportements des jeunes des cités défavorisées ? Pour O. Galland, les explications de la déviance juvénile comme réponse aux frustrations sociales ont été trop rapidement abandonnées par F. Dubet[1]. Ces thèses, développées par des auteurs anglo-saxons comme Cloward et Ohlin, suggèrent que devenir déviant, c'est aspirer au statut des classes moyennes sans s'associer à leur univers culturel. Or, pour les exclus de la société postindustrielle qui vivent dans un monde affecté par la pauvreté économique et le blocage des trajectoires sociales ascendantes, seul persiste l'espoir du succès et de la réussite facile. Il ne reste alors comme consolation qu'à trouver des substituts, par exemple celui de travailler son *look* : on rêve de n'être habillé qu' « avec de la marque ». Pour cela, on n'hésitera pas à monter des coups, à préparer des *deals,* à vivre dans l' « arnaque ». Les actions désespérées de pillage, lors des émeutes urbaines ou des manifestations publiques, nous rappellent cette volonté farouche de consommer. Il semblerait, d'après O. Galland, que les jeunes des quartiers « sensibles » vivent à l'heure actuelle une profonde frustration, en raison « de la distance infranchissable qui sépare une appartenance culturelle relative à la classe moyenne et une appartenance sociale qui, elle, apparaît hors de portée ».

3. **L'intégration des enfants d'immigrés.** – Les problèmes qui se posent dans les banlieues « sensibles » et, en particulier, dans certaines cités HLM sont presque toujours associés aux enfants d'immigrés, principalement à ceux dont les familles sont venues de l'Afrique noire et du Maghreb. La « galère » des jeunes d'origine étrangère s'expliquerait alors par leur difficile et délicate intégration à la société française. Certes le problème n'est pas

---

1. O. Galland, 1996, *op. cit.*

nouveau, depuis toujours et partout les immigrés et leurs enfants ont rencontré d'importantes difficultés pour s'adapter à la culture et s'insérer dans la vie sociale et économique du pays d'accueil.

Si, pour beaucoup de jeunes d'origine étrangère, et tout particulièrement pour la jeunesse maghrébine, le processus d'assimilation culturelle est largement engagé – adoption de la plupart des comportements, des valeurs et des référentiels des Français –, il n'en reste pas moins que leur « hybridation » dans l'univers culturel des classes populaires françaises ne se réalise pas aisément. En effet, cette assimilation est sérieusement hypothéquée, tout d'abord par les métamorphoses qui se sont opérées au sein de la sphère familiale, en particulier la modification de l'image du père dans les familles maghrébines[1], puis par la transformation des structures économiques avec ses conséquences sur le marché de l'emploi, et enfin par les comportements hostiles et discriminants dont ils sont régulièrement les cibles.

Depuis les années 1973-1975, sous l'effet de la crise économique, l'image du père s'est progressivement dégradée. Auparavant, pendant les Trente Glorieuses, le père, pourvoyeur des moyens matériels de vie, faisait figure de chef. Son utilité économique dans la société lui assurait pouvoir et légitimité au sein de son groupe familial. Craint et respecté, il représentait un cadre structurant, psychologique et culturel ; il balisait plus ou moins le champ des possibles de l'enfant et de l'adolescent. Déroutés par les changements sociaux de ces deux dernières décennies, fatigués par de nombreuses années de travail pénible dans la sidérurgie ou les travaux publics, désorientés et dépossédés de leur prestige par leur mise à l'écart du monde du travail, les *pères-travailleurs*, ne pouvant plus échafauder de projets pour l'avenir ou imaginer des ascensions sociales, ont eu tendance à s'extraire de plus en

1. A. Begag, C. Delorme, Rites sacrificiels des jeunes dans les quartiers en difficultés, in *Les Annales de la recherche urbaine*, n° 54, 1992.

plus du champ éducatif. Leur place centrale dans l'univers familial s'est ainsi affaiblie au fur et à mesure de leur éviction de la scène économique et sociale. « Ils ne sont plus, comme l'écrivent A. Begag et C. Delorme, les ambassadeurs exclusifs de la famille dans le monde du dehors, puisque leur femme s'est mise au travail elle aussi, même pour un salaire d'appoint. » Cette altération du rôle sacro-saint des pères dans la culture arabo-musulmane provoque chez de nombreux enfants une rupture d'avec leurs racines, leur histoire, leur culture originelle.

Par ailleurs, les difficultés économiques que rencontre la France se traduisent par un manque important d'emplois. Dans ce contexte, l'insertion sociale et professionnelle des jeunes et tout particulièrement des jeunes issus de l'immigration se trouve sérieusement perturbée. Afin d'appréhender toute les facettes de la situation, il est nécessaire de noter que les jeunes d'origine étrangère connaissent plus de risques de difficultés ou d'échecs scolaires du fait de leurs conditions sociales et familiales – 31 % des pères et 39 % des mères n'ont jamais été scolarisés, contre 2 % des pères et mères français de souche[1]. C'est ainsi que 26 % des enfants d'immigrés ayant suivi l'enseignement secondaire quittent l'école sans diplôme, contre 19 % des enfants de couples mixtes et 16 % de ceux des enfants des familles autochtones. Si l'on observe alors le nombre de périodes de chômage depuis la sortie de l'école en 1994, on constate que les enfants d'immigrés en connaissent plus, et que seul un quart d'entre eux n'a pas fait l'expérience du chômage, contre 39 % des jeunes de parents nés en France.

Globalement, à formation professionnelle et scolaire équivalente, les jeunes étrangers sont plus touchés par le chômage que les jeunes Français, traduisant ainsi des difficultés particulières à s'insérer.

---

1. Toutes les données statistiques sur les enfants d'immigrés sont extraites de l'article de Y. Brinbaum et de P. Werquin, Enfants d'immigrés : un accès au travail difficile, in *Informations sociales*, n° 62, 1997.

Enfin, de plus en plus de jeunes issus de catégories précaires des banlieues défavorisées interprètent leur manque de réussite scolaire et les refus d'embauches comme le fruit d'attitudes racistes à leur égard, comme les marques d'une discrimination qui s'exercerait à leur encontre. Même si les enquêtes révèlent que les phénomènes discriminatoires sont relativement complexes, il n'en reste pas moins vrai qu'elles montrent que les jeunes – du Maghreb et d'Afrique noire surtout – sont les premières victimes du racisme – parce qu'occupant plus massivement l'espace public que leurs parents. Ils sont les cibles privilégiées des discours, des actes et des attitudes racistes : en 1990, 42 % des Français déclaraient éprouver de l'antipathie pour les Maghrébins et 37 % pour les « Beurs » ; ils pensaient aussi qu'il serait difficile de les intégrer, essentiellement en raison de « leurs façons de vivre », de « leurs mœurs » trop différentes ; enfin, ils estimaient qu'il y a trop d'Arabes et de musulmans dans l'Hexagone[1]. Ces jugements s'expliquent en partie par le fait qu'une des origines de la xénophobie et du racisme « populaires » est la diminution des distances sociales et culturelles qui séparent les nationaux des étrangers qui vivent dans leur environnement. Tout se passe comme si les premiers n'avaient pas de raison majeure de donner dans la xénophobie aussi longtemps qu'ils ont le sentiment d'avoir une position sociale moins dévalorisante que celle des seconds. Quand les nouveaux venus tentent de s'intégrer à leur communauté d'accueil, c'est-à-dire d'occuper une position au moins équivalente à celle des nationaux dont ils sont socialement les plus proches, ceux-ci, croyant que le déclassement les menace, peuvent être tout disposés à les traiter comme des voisins indésirables, inassimilables et dangereux.

En fait, le racisme maintient ou rétablit (symboliquement) des différences et des barrières disparues ou près de disparaître. C'est ainsi qu'aux États-Unis, par exemple, le racisme s'est développé après que l'esclavage

1. Chiffres fournis par F. Dubet, D. Lapeyronnie, 1994, *op. cit.*

des Noirs eut été complètement aboli à la fin de la guerre de Sécession (1865). Actuellement, en France, les préjugés racistes visent surtout les groupes – les jeunes issus de l'immigration algérienne – qui manifestent la plus importante capacité d'entrer dans la vie sociale et de s'assimiler culturellement. Les « Beurs », largement assimilés et mieux intégrés que leurs parents à l'univers culturel de la France moderne, constituent une double menace : « Menace sociale de ne pas rester dans un statut d'infériorité ; menace nationale d'entrer dans la modernité sans s'identifier à la nation française. »[1] La présence d'autres groupes ethniques plus « lointains », plus « exotiques » – Asiatiques par exemple – semble susciter relativement peu de réactions racistes, même s'ils ne sont pas toujours à l'abri de la xénophobie.

Dans les quartiers « sensibles », se développent alors une hostilité et un racisme de la part des Français démunis envers les jeunes « Beurs ». En les « réduisant » et en les humiliant, les Français de souche, exclus socialement et économiquement, trouvent là un moyen de s'intégrer à la communauté nationale. Cette hostilité et ce racisme s'ancrent à partir d'une « soi-disant » incompatibilité de leur culture avec le mode de vie français, et rendent les relations de voisinage difficiles. Ces relations de sociabilité s'organisent en grande partie sur le plan de l'imaginaire, au travers de mécanismes d'identification positive ou négative. L'individu s'identifie à quelqu'un, à quelque chose qui le ressource, qui le valorise (à un objet de valorisation narcissique, diraient les psychanalystes). Les populations françaises reléguées dans le monde des banlieues « sensibles » n'ont autour d'eux, comme objet d'identification, que des individus pauvres et d'origine étrangère ; il leur est donc impossible de les accepter comme voisins, parce qu'ils ne peuvent pas s'identifier à ce groupe d'exclus, tout comme eux le sont ; leur attitude sera alors de les rejeter et de leur montrer de l'hostilité.

1. F. Dubet, D. Lapeyronnie, 1994, *op. cit.*

4. De l'incivilité à l'insécurité. – Au regard des statistiques de la police et de la gendarmerie, la délinquance dans son ensemble a progressé au cours des deux dernières décennies : on est passé de 2,3 millions de crimes et délits à 3,5 millions entre 1983 et 1999[1]. Si seule la délinquance des mineurs est prise en compte, on note qu'elle a peu augmenté au cours de la période 1981-1988 ; la part des mineurs mis en cause par la police est en effet restée stable autour de 11-12 %. Depuis 1989, en revanche, cette part ne cesse d'augmenter : on est passé de 12,3 % en 1989 à 21,3 % en 1999[2]. Au cours de toutes ces années, la délinquance des jeunes semble avoir changé de visage. Les agressions contre les biens ont légèrement diminué ; en revanche, les jeunes apparaissent de plus en plus souvent compromis dans des affaires de violence : en dix ans, leur part est ainsi passé de 8,3 % à 11,2 % dans les dossiers de coups et blessures volontaires et de 23,5 % à 27 % dans les vols avec violence. Face à cette délinquance, la justice se montre plus sévère. Les sanctions pénales (travaux d'intérêt général, amendes, sursis) n'ont cessé d'augmenter, seule l'incarcération semble échapper à ce mouvement – on comptait 934 mineurs incarcérés en 1981 ; en 1994, il n'y en avait plus que la moitié. Dans ce contexte, l'idée que les mineurs bénéficient d'une certaine impunité a fini par s'imposer dans l'opinion pu-

1. Les données statistiques proviennent de P. Robert *et al., Les comptes du crime*, Paris, L'Harmattan, 1995 ; S. Roché, *La société incivile*, Paris, Le Seuil, 1996 ; L. Mucchielli, *Violences et insécurité,* Paris, La Découverte, 2001. Si l'on regarde de plus près les statistiques, on s'aperçoit par exemple que ce sont surtout les voitures et les domiciles (principaux et secondaires) qui sont les deux grandes cibles des voleurs. Il s'agit donc, comme le précise L. Mucchielli, d'une « prédation non violente ». Par ailleurs, il est important de préciser qu'il y a moins d'homicides, tentatives d'homicides et coups volontaires en 1998 (1 fait pour 25 257 habitants), qu'en 1972 (1 fait pour 24 701 habitants).
2. L. Mucchielli, *ibid.,* note à ce sujet que ces données ne sont fournies qu'à partir des affaires élucidées par la police. Or, comme il le dit, la police n'élucide en réalité qu'à peine 30 % du total des faits constatés (moins de 10 % pour les vols de ou dans les voitures)...

blique. Ce sentiment est sans doute lié, comme le soulignent quelques chercheurs en sciences sociales, au développement massif des « incivilités ».

Les incivilités sont des désordres, généralement mineurs, bien souvent hors du champ pénal, d'autant qu'ils ne font la plupart du temps pas de victimes nominatives. Les incivilités perturbent l'*ordre public* au sens où E. Goffman l'appréhende dans ses recherches sur les rituels de la vie quotidienne[1] : elles menacent les personnes parce qu'il y a refus d'appliquer les rituels interpersonnels (d'accès, de confirmation, d'évitement, de réparation, etc.) communément utilisés pour maintenir l'équilibre interactionnel. L'ordre public fonctionne lorsque les rituels de civilité sont respectés dans les situations d'interaction. On peut alors, avec S. Roché, considérer que les incivilités sont des atteintes aux rituels sociaux, et qu'elles affectent la *tranquilité*, la *sécurité* et la *salubrité*[2].

Dans la forme, les incivilités sont des actes plus ou moins anodins qui, cependant, pourraient bien être les premiers pas vers la délinquance (notamment vers les agressions qualifiées et les cambriolages), et qui engendrent ou accentuent le sentiment d'insécurité dans la mesure où ils envahissent la quotidienneté. J.-Y. Trépos propose une typologie des incivilités autour de quatre configurations associant formes et objets, lieux et moments[3]. On trouve, tout d'abord, l'*incivilité de défection*, qui tient moins à des agressions immanentes contre la civilité qu'à des conséquences indirectes. Représentant le « degré plancher de l'incivilité », elle est une attitude corrosive qui perturbe la vie en commun, en raison du non-

1. E. Goffman, *La mise en scène de la vie quotidienne*, Paris, Minuit, 1974.
2. S. Roché, *Insécurité : incivilités, citoyenneté et ordre public*, in Y. Bernard, M. Segaud (éd.), *La ville inquiète : habitat et sentiment d'insécurité*, La Garenne-Colombes, Éd. de l'Espace européen, 1991.
3. J.-Y. Trépos, *Incivilités qualifiées et équipements civilitaires*, in M. Segaud (sous la dir.), Espaces de vie, espaces d'architecture, *Recherches*, n° 64, Paris, PCA-Ministère du Logement, 1995.

respect des fonctions et des règlements. Le bruit, les activités de désœuvrement et de laisser-aller, tels que rôder et traîner, et la saleté sont les formes les plus ordinaires de ce premier type d'incivilité. Puis nous avons l'*incurie provocatrice*, forme d'incivilité moins passive que la précédente, qui est une agression délibérée contre la civilité. Les activités liées à la drogue (« se piquer », « fumer », « dealer ») en sont les principales manifestations. Ces agissements sont vécus comme des provocations, et les auteurs affichent ostentatoirement que la loi peut être contournée avec une certaine impunité. On trouve, par ailleurs, l'*agression symbolique*, qui peut atteindre, soit un groupe ou une personne (insultes, menaces, appels téléphoniques nocturnes, quolibets, etc.), soit leurs biens (inscriptions sur les murs, graffitis). Enfin, il y a la *violence physique*, à l'encontre des personnes (rixes avec ou sans armes blanches) et/ou contre les biens (destruction de boîtes à lettres, vols d'autoradios, dégradation des espaces publics, etc.).

Tous ces agissements, qui posent parfois de réels problèmes de sécurité – lorsque par exemple les extincteurs des parkings sont vidés « pour s'amuser » –, accroissent le sentiment d'insécurité.

Enfin, ces comportements d'altération de la civilité sont bien sûr rapportés à des acteurs individuels ou collectifs. Ainsi, selon J.-Y. Trépos, les « jeunes » sont-ils les premiers producteurs de toutes les formes de l'incivilité, même s'ils ne sont évidemment pas responsables de toutes les atteintes à la civilité.

Si les incivilités ne se développent pas à l'intérieur d'un territoire précis – les grafs par exemple se déploient aussi sur les murs des immeubles des centres villes –, elles ont toutefois pour principal terrain d'élection les cités HLM défavorisées des banlieues urbaines, et participent ainsi à leur mauvaise réputation. Les actes d'incivilité dont ces quartiers sont le théâtre finissent par en détériorer l'image de marque, au point que leurs habitants en viennent à éprouver un sentiment de honte qui les pousserait à s'en aller s'ils en avaient la possibilité.

IV. – L'image stigmatisée
des « banlieues »

Il semble exister, depuis une vingtaine d'années, une propension, tant du côté des médias ou des décideurs politiques, que du côté des architectes ou des urbanistes, à établir une relation causale entre le monde qui s'urbanise et le délitement du lien social. La ville détruirait les relations sociales, imposant des contacts superficiels, segmentaires et néfastes, engendrant des êtres anonymes les uns pour les autres, enfermés dans leur individualisme. Les quartiers de grands ensembles construits au cours des décennies 1950-1960 seraient en quelque sorte le cadre privilégié du « repli sur soi » et de la segmentation des relations sociales. En défendant ce type de déterminisme urbain, on en est arrivé à penser que la destruction des grands ensembles ferait du même coup disparaître la délinquance et la précarité. De nombreuses enquêtes et recherches sociologiques s'opposent à de telles thèses[1] ; elles affirment au contraire que l'urbanisation, même la plus austère, ne détermine pas à elle seule un mode de vie, et encore moins une organisation sociale unique. Dans cette perspective, H. Gans montre qu'un même cadre urbain engendre des styles de vie hétérogènes[2]. De nombreux paramètres, tels que les intentions initiales d'implantation, la durée de résidence, ou encore l'importance du réseau associatif et des structures socioculturelles, agissent sur les formes d'appropriation de l'espace et sur les configurations sociales.

1. **Entre attachement et rejet.** – Les cités périurbaines d'habitat collectif ne seraient donc pas nécessairement des territoires où aucune vie sociale n'aurait cours, et où tout le monde se retrancherait à l'intérieur de son appartement sans adresser la parole à quiconque. Dans le

1. Entre autres, l'étude internationale de C. Jacquier, *Voyage dans dix quartiers européens en crise*, Paris, L'Harmattan, 1991.
2. H. Gans, *The Urban Villagers*, New York, The Free Press, 1962.

cadre d'une étude portant sur une ZUP de la banlieue de Metz, nous avons montré que, malgré la mauvaise image de marque dont celle-ci était l'objet, des contacts, parfois intenses et généreux, s'étaient créés entre voisins[1]. Les recherches ethnographiques de C. Calogirou ou celles de V. Milliot montrent de même que, en dépit de l'image stigmatisée des banlieues « sensibles » dans l'imaginaire social, les habitants de ces quartiers ne s'ignorent nullement, ils tissent au contraire un réseau de surveillance étroit basé sur les rumeurs, les ragots, sur une sociabilité de l'honneur, en quelque sorte à l'opposé de l'anonymat avancé par le sens commun[2].

S'il existe bel et bien des contacts sociaux entre les résidents dans les « banlieues précarisées », il reste que le sentiment des habitants à l'égard de leur quartier n'est pas constitué d'un bloc homogène. Ce qui est frappant, c'est au contraire une ambivalence des attitudes, faite à la fois du rejet de l'endroit – considéré comme pourri – et en même temps de l'impression forte de l'incapacité de vivre ailleurs. La cité est considérée par les jeunes, nous dit C. Bachmann, comme « la patrie (tendresse et nostalgie...), mais c'est aussi la zone (béton et larmes...) »[3].

Dans de nombreuses situations, les individus vont prendre la défense et faire l'éloge de leur territoire avec beaucoup de vivacité, montrant ainsi qu'ils y sont profondément attachés dans tous les sens du terme. Chacun se sent lié, non pas à la ville-centre, ou à la ville de rattachement, mais à sa rue ou à son quartier-territoire constitué de quelques îlots urbains et bien délimité. Parce qu'on est au cœur d'un réseau d'échanges et de relations,

1. J.-M. Stébé, L'opération de réhabilitation Habitat et vie sociale de Woippy-Saint-Éloy dans l'agglomération de Metz : un paradigme pour les acteurs de l'urbain, in *Espaces et sociétés*, n° 72, 1993.
2. C. Calogirou, *Sauver son honneur*, Paris, L'Harmattan, 1989 ; V. Milliot, Mon quartier, mon honneur, in *Informations sociales*, n° 45, 1995.
3. C. Bachmann, *Jeunes et banlieues*, in G. Ferréol (éd.), *Intégration et exclusion dans la société française contemporaine*, Lille, PUL, 1994.

que l'on est capable de se situer et de s'orienter dans un univers avec lequel on s'est familiarisé, le quartier devient un repère, un lieu sécurisant, rassurant, de protection et de réassurance, une « cité-refuge »[1]. Cet attachement au quartier est avant tout le fait des jeunes, parce qu'il vivent dans l'immédiateté, à la différence des adultes pour qui la cité est vécue soit comme une étape dans la trajectoire résidentielle, soit comme une contrainte inéluctable. Cependant, il n'est pas rare de rencontrer des adultes très attachés à leur quartier, qu'ils côtoient pour certains depuis près de quarante ans, et dans lesquels ils sont les messagers de la mémoire des lieux, et, plus que cela, ils sont à la fois les producteurs et les transmetteurs d'un discours sur la cité – discours teinté parfois de nostalgie sur le passé, sur l'âge d'or de la cité (« avant c'était mieux », « avant, c'était bien, on se connaissait tous »...), ne reflétant pas nécessairement la réalité de l'histoire, mais auquel la jeunesse adhère facilement, s'en faisant volontiers l'écho.

À d'autres moments, les jeunes vont faire preuve d'une critique tenace vis-à-vis de leur quartier, comme en témoignent ces propos recueillis par F. Dubet : « On est pourris, on vit dans un contexte pourri, on vit dans des bâtiments pourris. » « Ici, c'est la merde. » « Tout est minable et dégradé. »[2]

Ce sentiment ambigu, fait d'attachement et de répulsion à l'égard de leur lieu de vie, se retrouve sur bien d'autres points : ainsi, ils sont partagés entre le repli sur

---

1. David Lepoutre, qui a réalisé une étude ethnographique en particulier sur les échanges de violence entre adolescents à la cité des 4 000 à La Courneuve, note que ce sentiment d'appartenance territoriale entraîne concomitamment chez les jeunes un sentiment de sécurité qui peut paraître paradoxal et antinomique, au regard de l'insécurité, réelle ou fantasmée, qui règne par ailleurs dans le territoire de la cité. « Au sein de leur quartier, les adolescents se sentent en terrain conquis et familier, à la fois protégés par leurs pairs des agressions physiques d'éventuels inconnus ou étrangers, et aussi et surtout à l'abri de la violence symbolique du monde extérieur » (D. Lepoutre, *Cœur de banlieue*, Paris, O. Jacob, 1997).
2. F. Dubet, 1987, *op. cit.*

eux-mêmes et l'envie de se mêler à la foule de la ville, ou encore entre le souhait que leur quartier attire des personnes extérieures, et le refus de leur ouvrir ce territoire. Cette ambivalence se retrouve à l'occasion des démolitions de certains immeubles lors d'opérations de réhabilitation : J.-M. Delarue note, à propos de celle du quartier des Minguettes dans la banlieue lyonnaise, que certains habitants applaudissaient lorsque quelques tours se sont écroulées, tandis que d'autres au contraire assistaient au spectacle avec le cœur serré[1].

2. Médiatisation et « crise des banlieues ».

– Les difficultés que rencontrent certaines banlieues ont été parfois amplifiées, voire « dramatisées » par les médias. Ceux-ci vont présenter parfois les cités HLM périphériques comme des lieux insalubres, mal famés et sinistres, et leurs habitants comme des marginaux, des délinquants et des sauvages. On peut lire, photos à l'appui, par exemple, dans la revue *Paris-Match* du 1er octobre 1998, un article présentant une cité de Grigny, la *Grande Borne* : « "J'ai vécu dans la cité qui fait peur." À nos portes commence une jungle. Une jungle en béton où les fauves sont des chiens et où la force fait loi. Ce n'est pas du roman noir. » N'y a-t-il pas là une volonté de dramatisation, de « déformation » de la situation de cette banlieue parisienne ? Pourquoi ce travail de construction médiatique ? P. Champagne nous montre que ce travail de mise en scène médiatique des difficultés sociales et économiques des quartiers « sensibles » répond à cette volonté de création de l'événement « hors du commun », dramatique ou émouvant qui répond à la définition sociale, commercialement rentable, de l'événement digne de faire la « Une » des médias[2]. Les journalistes ne font en fait que reprendre, avec leurs moyens propres, une définition sociale de l'événement qui existe pratiquement en dehors

---

1. J.-M. Delarue, 1991, *op. cit.*
2. P. Champagne, La construction médiatique des « malaises sociaux », in *Actes de la recherche en sciences sociales*, n° 90, 1991.

d'eux. Pour présenter les banlieues précarisées, ils vont mettre en avant le « spectaculaire » : « Il faut qu'on voie que ça brûle, il faut voir des jeunes bourrés de haine qui crachent sur les flics. On ne prend que cette image-là », dit l'un d'entre eux[1]. Ce type d'image diffusée par les médias à l'opinion aura bien sûr comme conséquence de fournir une vision déformée de la réalité sociale. C'est la logique du travail journalistique – en harmonie avec les représentations et attentes ordinaires du grand public – qui amène ainsi à privilégier tout ce qui est exceptionnel, « exotique » en quelque sorte. La conséquence n'en sera-t-elle pas aussi parfois une tendance à la surenchère chez les auteurs des actes délictueux[2] ?

D'ailleurs, beaucoup d'habitants de ces quartiers n'acceptent plus la « diabolisation » journalistique dont ils sont les objets. Ils ne se reconnaissent ni dans les épithètes péjoratives et dévalorisantes, ni dans les images désolantes que les médias choisissent pour parler d'eux et pour montrer comment ils vivent. Ils ne supportent plus d'être déconsidérés par les professionnels de l'information, et les plus jeunes d'entre eux le montrent bien en refusant désormais de dialoguer avec les journalistes, et même parfois en leur interdisant de pénétrer dans leur quartier.

---

1. Cité par P. Champagne, 1991, *op. cit.*
2. Les chercheurs spécialisés dans les violences urbaines s'accordent pour affirmer que les médias contribuent à créer l'événement en suscitant, par leur simple présence sur le terrain, une émulation chez les auteurs d'exactions. Les pouvoirs publics commencent également à admettre qu'il existe une corrélation entre la médiatisation du phénomène et l'augmentation des vitrines brisées ou des voitures incendiées (cf. M.-P. Subtil, Les médias s'interrogent sur la manière de couvrir ce type d'événements, in *Le Monde* du 2 janvier 1999).

Chapitre III

LE MYTHE
DES « BANLIEUES-GHETTOS »

Les incidents survenus depuis une quinzaine d'années dans certaines cités « sensibles » ont poussé les responsables politiques français de droite comme de gauche, les médias et mêmes certains chercheurs en sciences sociales à faire usage d'images chocs. Le terme « ghetto » est alors apparu pour désigner les quartiers d'habitat social dégradé des périphéries urbaines et, par amalgame, l'espace désormais discrédité de la « banlieue ». À chaque problème de délinquance signalé dans telle ou telle cité, les quartiers difficiles de New York, de Los Angeles ou de Chicago sont évoqués, et avec eux le spectre du ghetto noir américain.

C'est ainsi que le terme « ghetto » en est venu à désigner aujourd'hui toutes les situations de ségrégation – de mise à l'écart –, qu'elles soient ethniques ou tout simplement sociales, avec bien souvent un support territorial. Sa diffusion de plus en plus large a eu pour effet de le rendre désormais applicable à tout groupement de population qui tend à se refermer sur lui-même, « voire à toute contrainte jugée excessive pour réglementer la vie d'une collectivité »[1].

Dans ce troisième chapitre, nous nous attacherons donc tout d'abord à cerner les formes et les processus de mise à distance sociale et de séparation physique. Puis, afin de comprendre les raisons de l'utilisation récurrente du terme « ghetto » pour désigner les « quartiers d'exil »[2], nous retracerons l'histoire de cette composante

1. H. Vieillard-Baron, Le ghetto, un lieu commun, impropre et banal, in *Les Annales de la recherche urbaine*, n° 49, 1990.
2. F. Dubet, D. Lapeyronnie, 1992, *op. cit.*

urbaine, et tenterons d'en appréhender les fondements socioculturels et les différentes formes. Nous nous tournerons ensuite vers les États-Unis pour comprendre les phénomènes de ségrégation et de ghettoïsation. Enfin, nous essaierons de mettre en évidence les différences qui existent entre la situation des cités marginalisées situées à la périphérie des villes françaises et celle des *inner-cities* des métropoles américaines ; nous montrerons ainsi qu'il est sans doute abusif d'amalgamer ce qui se passe en France et aux États-Unis.

I. – Le ghetto,
l'expression spatiale des ségrégations

Même si la notion de ghetto, figure importante de l'imaginaire collectif, suscite de nombreuses controverses, on peut néanmoins la définir, dans une première approche, comme un territoire d'exclusion assez radicale, correspondant à un mode d'enfermement spatial plus ou moins total, contraint et traduit d'une façon matérielle. Elle est donc, d'une certaine manière, et sans aucun fondement juridique, l'expression territoriale des ségrégations et des discriminations les plus marquées.

1. **La « ségrégation » : un terme au contenu équivoque.** – L'emploi du terme « ségrégation » se diffuse dans les études urbaines à partir des années 1950 et surtout 1970 ; ce terme y remplace ceux de « séparation » et de « division » qui étaient employés au début du siècle. C'est ainsi que, pour montrer les oppositions territoriales (centre/périphérie, espace de travail / espace résidentiel), et pour mettre en évidence les inégalités urbaines (quartiers aisés / quartiers défavorisés), les chercheurs en sciences sociales et les urbanistes vont utiliser le concept de *ségrégation* associé à celui de *discrimination*.

Les dictionnaires s'accordent en général à considérer la ségrégation comme l'action de « ségréger », c'est-à-dire, au sens étymologique, l'action de « mettre un animal à l'écart du troupeau » (du latin *segregare*). D'une façon générale, c'est l'action de séparer, d'écarter, de mettre à part des « éléments », en l'occurrence des individus d'origine, de « race » ou de religion différente à l'intérieur même d'un pays, d'une ville ou d'un quartier. Plus précisément, selon le dictionnaire *Le Petit Robert*, la ségrégation raciale correspond à la ségrégation absolue, organisée et réglementée de la population de couleur d'avec les Blancs dans les écoles, les transports, les magasins, etc.

Mais la notion de ségrégation se prête assez facilement aux glissements sémantiques. On l'emploie tantôt pour évoquer les résultats d'une distribution sociospatiale imposée par une autorité (un groupe dominant), tantôt pour caractériser un processus de séparation physique de certaines catégories de population dans l'espace, ou encore pour désigner les traits de « pathologie sociale » attribués à une insuffisante mixité sociale, dans l'habitat par exemple. On voit donc que le mot « ségrégation » en arrive à désigner aussi bien l'action à proprement parler que sa configuration, son processus ou même son résultat.

Aujourd'hui, et dans nos sociétés à fondement démocratique, l'utilisation du terme « ségrégation » est pratiquement toujours accompagnée de connotations péjoratives. Il renvoie implicitement à la norme (ou à l'idéal) d'un monde égalitaire – au sens platonicien – où régneraient au contraire la mixité, l'intégration et l'assimilation. C'est pourquoi, afin d'éviter toute interférence avec des jugements de valeurs, certains choisissent de réserver le terme aux sociétés où la dissociation physique des groupes (sociaux, ethniques, religieux...) est imposée autoritairement en tant que principe fondateur de l'organisation sociétale. Les régimes de l'apartheid en sont l'illustration. Mais cette définition restrictive ne correspond nullement à la place qu'occupe actuellement la notion de ségrégation, tant comme outil d'analyse que comme enjeu de débats publics.

La ségrégation se présente ainsi comme un phénomène équivoque qui se situe aux confins du social et du spatial.

Cependant, elle est une réalité observable et même mesurable dont les chercheurs – qui ne s'appuient pas tous sur le même paradigme – vont décrire les diverses formes, ainsi que les processus qui l'engendrent.

2. Les formes de division sociale de l'espace.

– Si l'on s'en tient à la dimension résidentielle, on peut, avec Yves Grafmeyer, repérer trois usages interdépendants, mais conceptuellement distincts, de la notion de ségrégation[1].

Le premier de ces usages est celui qu'adoptent les chercheurs qui tentent de saisir les écarts de distribution résidentielle entre des groupes définis en fonction de critères tels que la position socioprofessionnelle, l'origine ethnique, la religion, etc. Certains indicateurs permettent ainsi d'apprécier l'importance de la « dissimilarité » entre deux groupes *(indice de dissimilarité)*. D'autres aident à mesurer le degré de ségrégation d'un groupe particulier par rapport au reste de la population de la ville *(indice de ségrégation)*.

Complémentaire de la précédente, une seconde démarche d'analyse de la ségrégation est centrée beaucoup moins sur le fait même des distances physiques entre groupes, que sur leur inégal accès aux biens matériels et aux biens symboliques offerts par la ville. Ainsi, dans une perspective sociologique webérienne, on définira les groupes sociaux à partir de leur position sur un continuum orienté selon le niveau de ressources, la place occupée dans l'échelle du prestige et de l'honneur social, ou encore selon les degrés de participation à la vie publique. Dans une dynamique philosophique marxienne, on s'attachera plutôt à dégager les mécanismes qui tendent à renforcer les inégalités entre les classes par le jeu de la localisation de leurs aires respectives

1. Y. Grafmeyer, *Sociologie urbaine*, Paris, Nathan, 1994*a* ; cf. également Y. Grafmeyer, *Regards sociologiques sur la ségrégation,* in J. Brun, C. Rhein (éd.), *La ségrégation dans la ville*, Paris, L'Harmattan, 1994*b* ; Y. Grafmeyer, *La ségrégation spatiale,* in S. Paugam (sous la dir.), *L'exclusion : l'état des savoirs*, Paris, La Découverte, 1996.

d'habitat. De ce point de vue, la ségrégation n'apparaît pas comme un phénomène de concomitance entre distance sociale et distance spatiale, mais comme le produit de processus inscrits dans la logique des rapports sociaux. Dans un cas comme dans l'autre, la localisation résidentielle est conçue comme la résultante matérielle de logiques collectives qui, « par-delà la question des proximités et distances entre groupes, pose celle de leurs places respectives dans une structure sociale, ou dans les rapports de force qui traversent et façonnent le monde social »[1].

Enfin, un troisième type d'analyse, plus restrictive, associe le thème de la ségrégation aux figures de l'espace relégué, voire du ghetto. Peu explorée dans l'approche précédente, la question de l'immigration et de l'ethnicité tient ici une place importante. Sans toutefois s'y réduire, elle qualifie plus largement toute forme de concentration territoriale associant étroitement des catégories de populations défavorisées à des espaces délimités.

Même si la thématique du ghetto fait florès actuellement, elle ne peut être utilisée pour comprendre les phénomènes d'exclusion socio-économique et spatiale qui touchent certains quartiers d'habitat social situés à la périphérie des villes. En effet, comme on l'a vu, ces quartiers qu'en France on nomme « quartiers sensibles » se signalent par la diversité ethnique et une certaine uniformité des difficultés d'intégration (économique, sociale, scolaire) de leurs habitants ; ils ne peuvent donc pas être assimilés à des ghettos, du moins si l'on admet, avec les sociologues de l'École de Chicago, que ceux-ci se caractérisent par l'homogénéité ethnique et par la diversité des métiers et des statuts sociaux.

La tradition sociologique offre donc aux chercheurs trois façons différentes de représenter en termes de ségrégation les formes observables de répartition des catégories sociales dans l'espace résidentiel.

---

1. Y. Grafmeyer, 1994*b*, *op. cit.*

3. **Les processus de séparation physique.** – Dans un ouvrage consacré à la question des *effets pervers*, Thomas Schelling distingue trois *idéal types* de processus ségrégatifs[1]. La typologie qu'il propose s'appuie non pas sur les configurations de la ségrégation telles qu'elles peuvent être décelées à travers un ensemble de mesures appropriées, mais plutôt sur la nature de la chaîne causale qui engendre ces configurations de séparation spatiale.

Le premier type de processus, qui apparaît le moins éloigné de la ségrégation au sens étymologique du terme, est celui qui résulte d'actions individuelles ou collectives organisées intentionnellement dans une logique de distinction physique – de coupure spatiale. Cette démarche ségrégative n'est pas absente des sociétés dominées par les valeurs démocratiques. Dans celles-ci en effet, on peut repérer parfois des groupes ou des institutions qui s'autorisent à développer des stratégies ségrégatives contraires aux idéaux de la Constitution de leur pays. Pendant très longtemps, et dans une certaine mesure encore aujourd'hui, les États-Unis ont développé par exemple une politique de *zonage*, dont le but initial était de séparer les populations aisées des populations pauvres, mais qui s'est rapidement transformée en exclusion raciale. La première loi de zonage a été votée à New York en 1916, pour protéger les riches familles de la Cinquième Avenue de la présence des immigrants les plus démunis. Ces derniers, employés dans différents ateliers, menaçaient d'empiéter sur les territoires de la *gentry*, et ainsi d'en déprécier la valeur foncière. Pendant les années 1920, de très nombreuses municipalités (près de 800) ont suivi la démarche new-yorkaise. Ces dispositifs communaux ségrégatifs, fondés sur des principes de zonage restrictif pour les espaces urbains les plus prisés, seront entérinés en 1924 par le gouvernement fédéral, et ratifiés par la Cour suprême dès 1926. Très rapidement, ces pratiques

1. T. Schelling, *La tyrannie des petites décisions*, Paris, PUF, 1980.

de zonage urbain seront utilisées à des fins de séparation des Blancs et des Noirs, notamment au travers d'accords ségrégatifs passés entre agents immobiliers, propriétaires et acheteurs[1]. En dépit de leur interdiction, elles ont continué à être suivies jusque dans les années 1970, et n'ont pas totalement disparu aujourd'hui[2].

À côté de ce processus ségrégatif qui découle d'actions intentionnelles organisées, légales ou illégales, la division sociale de l'espace peut résulter du simple effet des disparités de ressources et de positions déterminées par la différenciation sociale. Les logiques de peuplement mobilisent en effet de nombreuses variables comme, par exemple : les transmissions patrimoniales, les réseaux de recommandation, les règles des marchés immobiliers et fonciers, etc. Selon Thomas Schelling, ce second processus « qui est en grande partie économique, mais pas entièrement, est celui qui sépare les pauvres des riches, les moins instruits des plus instruits, les moins compétents des plus compétents, les mal habillés des bien habillés, dans leur lieu de travail, de résidence, de restauration et de loisirs, dans leurs relations amicales et scolaires ». Cette définition montre que la ségrégation ne se réduit pas seulement aux aspects résidentiels et aux logiques de marché, mais qu'elle s'organise aussi à partir « d'autres manifestations spatiales des écarts de ressources et de positions sociales »[3].

La ségrégation peut aussi relever d'un troisième processus, qui est le produit émergeant de l'association de comportements individuels discriminatoires. D'après T. Schelling, un comportement est *discriminatoire* lorsqu'il « dénote une perception, consciente ou inconsciente,

---

1. M. Davis, dans son ouvrage *City of Quartz. Los Angeles capitale du futur* (Paris, La Découverte, 1997), montre avec beaucoup de précisions que de tels accords ont existé à Los Angeles dès les années 1920, et sont encore en vigueur de nos jours malgré leur illégalité depuis 1948.
2. S. Body-Gendrot, *Les villes américaines. Les politiques urbaines*, Paris, Hachette, 1997.
3. Y. Grafmeyer, 1994*a, op. cit.*

du sexe, de l'âge, de la religion, de la couleur, ou de n'importe quel élément qui sert de base à la ségrégation, une perception qui influence les décisions concernant le choix du lieu de résidence, de l'endroit où s'asseoir, de la profession à adopter ou à éviter, des compagnons de jeu ou des interlocuteurs ». Ces attitudes de différenciation ne sont pas forcément les manifestations d'une intention de ségrégation – elles indiquent *a minima* des souhaits d'organisation de la sphère de proximité, c'est-à-dire le souci de tenir les voisins à plus ou moins grande distance, selon qu'ils sont souhaités ou seulement tolérés dans certaines limites – ; mais le jeu combiné des décisions individuelles peut déboucher collectivement sur des situations ségrégatives, outrepassant largement les intentions des acteurs sociaux en présence.

On voit comment, à partir du repérage des processus de ségrégation opéré par Schelling, les individus peuvent intégrer des perceptions discriminatoires dans leurs choix économiques. Choisir un espace résidentiel, c'est également privilégier un environnement social de voisinage. Parce que les processus d'implantation et de mobilité territoriale sont les produits de très nombreuses décisions individuelles, il sera toujours extrêmement difficile de discerner en eux ce qui dépend de la recherche de son semblable (effet d'agrégation), et ce qui procède du rejet de l' « étranger » (effet de ségrégation *stricto sensu*).

La démarche sociologique de Schelling s'intègre dans la problématique plus générale des effets non désirés, émergents, pervers, développée par les partisans du paradigme de l'individualisme méthodologique[1]. Appliquée à la question des mobilités résidentielles, elle met en évidence par exemple le fait que la constitution des ghettos américains peut être comprise comme le produit d'attitudes qui n'ont rien de ségrégationniste. S'appuyant sur une expérience simple, Schelling démontre que, même si les individus n'éprouvent *a priori* aucune hostilité les

---

1. Cf., entre autres, R. Boudon, *Effets pervers et ordre social*, Paris, Hachette, 1989.

uns à l'égard des autres, ils peuvent constituer involontairement des ghettos : il suffit que chacun d'eux désire que la moitié de ses voisins soient du même groupe d'appartenance que lui, pour que ceux qui se ressemblent finissent par s'agréger spatialement, et donnent *ipso facto* naissance à un ghetto sans jamais avoir eu l'intention de le faire. L'intérêt de cette démarche, qui met en relation les faits microsociologiques (conduites individuelles) et la réalité macrosociologique (effets émergents de l'agrégation des conduites), vient de ce que les processus de ségrégation ainsi circonscrits ne se dispersent pas dans le champ beaucoup plus vaste des logiques économiques (foncières, immobilières, consommatoires) ; elle permet aussi de pointer que même une « discrimination limitée » – de quelques acteurs seulement – peut aboutir au bout du compte, sous certaines conditions, à des formes plus marquées de rassemblements et de séparations.

4. Proximité et distance dans le monde urbain. – À l'instar des sociologues de l'École de Chicago, Y. Grafmeyer montre que la propension à la séparation physique entre groupes socialement différents n'est pas une loi universelle, mais plutôt le produit d'un processus spécifique[1]. Comme nous l'avons vu, en effet, dans le premier chapitre, les migrations vers l'ouest des catégories sociales aisées de Paris, par exemple, s'inscrivent dans l'histoire de l'expansion de la capitale, prenant forme dès le XVIIIe siècle. De nouvelles pratiques de peuplement s'organisent : l'aristocratie puis, par la suite, la bourgeoisie souhaitant rompre avec les habitudes de mixité socio-urbaine, préfèrent émigrer loin des quartiers centraux sales et pestilentiels où la population est mélangée, vers des quartiers neufs, édifiés pour elles et où l'on se retrouve *entre soi*.

On admet bien souvent que la ségrégation des milieux précarisés est en général plus intense que le regroupement résidentiel des classes aisées. Pourtant de nombreuses

1. Y. Grafmeyer, 1994*a, b, op. cit.* ; Y. Grafmeyer, 1996, *op. cit.*

études montrent que cette dernière configuration de regroupement peut atteindre des indices particulièrement élevés quand on utilise des modèles d'identification des élites nationales et des bourgeoisies locales plus fins et plus appropriés (l'inscription dans les grands cercles – Jockey Club, Polo... –, l'appartenance aux Grands Corps de l'État – Conseil d'État, Cour des comptes... –, la superficie des appartements, etc.) que les nomenclatures socioprofessionnelles généralement employées[1]. Même si la ségrégation spatiale entre les groupes est rarement absolue, il reste néanmoins que les mécanismes de mise à distance, particulièrement puissants dans certains cas, produisent de vifs contrastes entre les quartiers aisés et les quartiers défavorisés. La ségrégation physique, dans les « beaux quartiers », ce n'est pas seulement l'exclusion, le rejet des catégories modestes, c'est également le resserrement, l'agrégation de familles socialement proches dans un espace où l'on peut vivre *entre soi*. Toutefois, comme le fait remarquer Y. Grafmeyer, les termes « ghetto », « apartheid » et « relégation » ne peuvent évidemment pas s'appliquer au regroupement des catégories les plus aisées, qui est le résultat de décisions librement prises, alors que le resserrement des populations les plus précarisées est une situation qui leur est imposée par le contexte de paupérisation dans lequel elles se trouvent.

La propension à la séparation se manifeste avec une certaine force lorsque sont en jeu des appartenances sociales, mais aussi et surtout des distinctions d'origine et de culture. C'est alors que les replis s'opèrent, que les frontières sont défendues, par crainte du brassage, de la « contamination », ou encore par peur de la perte des identités.

Cela étant, le brassage de groupes sociaux diversifiés s'est parfois réalisé sous la pression de décideurs, d'architectes, attachés à certains idéaux philosophiques selon lesquels l'agrégation d'individus de catégories

---

1. Cf. par exemple, pour le cas de Paris, M. Pinçon et M. Pinçon-Charlot, 1989, *op. cit.*

sociales différentes sur un même territoire permet l'élaboration et la consolidation des liens sociaux. Mais cette mixité sur un même espace n'augure pas forcément d'une cohabitation harmonieuse, comme nous l'avons déjà vu.

La ségrégation peut donc, d'une manière générale, se définir de deux façons. Soit on la caractérise comme une simple différence de répartition ou de conduite des groupes, différence qui mène à une spécialisation plus ou moins précise, plus ou moins lisible dans le paysage des territoires urbains : quartiers bourgeois ou quartiers populaires. Soit on considère qu'elle est l'effet recherché d'une discrimination plus marquée et parfois institutionnalisée. Le ghetto ethnique serait la meilleure représentation de cette dernière configuration. Mais encore convient-il de s'arrêter sur cette forme urbaine spécifique, bien souvent employée sans prudence et sans beaucoup de retenue dans les discours.

II. – L'histoire mal connue du ghetto

Depuis la fin des grandes persécutions, principalement antisémites, organisées par les nazis, le terme « ghetto » a pris un sens général dans le langage commun qui l'utilise à propos de toute ségrégation ethnique ou simplement sociale, ayant un support territorial. Mais, pendant très longtemps, il désigna le quartier juif d'une ville. La genèse de cet usage précis n'est pas clairement établie : le terme « ghetto » apparaît, semble-t-il, en 1516, et serait issu de l'italien *gietto* qui désignait la fonderie de canons de Venise, où résidaient les Juifs. Auparavant, d'autres expressions indiquaient la rue ou le quartier d'une ville occupé par les Juifs : on parlait en Allemagne de la *Jugenstrasse* ou encore de la *Jugengasse*, en France de la *Juiverie*, et de la *Carriera* en Provence. Cette variété de noms spécifiques utilisés pour désigner le « ghetto » montre que son existence dans différents pays est bien antérieure au mot qui sert à le désigner. Sans doute existait-il déjà, souligne Vieillard-Baron, dans l'Antiquité romaine[1].

1. Le regroupement volontaire.

– Le ghetto apparaît, dans les sociétés de l'Europe médiévale, lorsque l'Église organise le rassemblement forcé des Juifs dans certains quartiers, parce qu'elle craint beaucoup que leur présence n'ait pour résultat d'affaiblir la foi des chrétiens.

Bien avant que ne se généralise leur isolement contraint au XVIᵉ siècle, les Juifs avaient souvent choisi de leur plein gré de vivre dans des quartiers séparés. Ce regroupement spatial volontaire trouve son explication dans les habitudes et les coutumes juives, et dans les traditions religieuses et séculières[2]. En effet, la communauté spatialement séparée et socialement isolée donnait aux Juifs la liberté de suivre les préceptes de leur religion, de préparer leur nourriture conformément au rituel de la loi hébraïque, et d'aller prier à la synagogue plusieurs fois par jour.

Il est vrai que, parfois, c'était l'autorité assurant leur soutien qui trouvait souhaitable, dans le but même de les protéger, de leur proposer un espace spécifique, ce qui représentait une certaine forme de privilège. Dans ce cas, sans être volontaire à proprement parler, leur regroupement n'était cependant pas contraint, et il était d'ailleurs conforme à l'organisation sociale en vigueur dans la cité de l'époque médiévale, qui voulait que les membres d'une même corporation vivent dans la même rue, dans le même quartier. En regroupant les Juifs, qui formaient dans leur ensemble une catégorie professionnelle spécifique, avec un statut économique différent de celui du reste de la population, on ne faisait, par conséquent, que se conformer à la structure sociale de l'époque.

Dans la société médiévale où chacun avait une place déterminée – le seigneur était lié à son suzerain, le serf à

1. H. Vieillard-Baron, 1991, Le risque du ghetto, in *Esprit*, nº 169, 1991.
2. L. Wirth, *Le ghetto*, Grenoble, PUG, 1980 (1928, éd. américaine).

son seigneur, l'artisan à sa corporation... –, seul le Juif n'avait pas de place précise. Considéré comme un étranger, il sut acquérir une position stratégique dans cette organisation rigide, en parvenant à se rendre utile et même indispensable à la bonne marche et au prestige de la cité. Les Juifs exerçaient, en effet, les professions de marchand et de banquier, qui ne leur étaient pas interdites par la loi hébraïque, alors que l'éthique catholique tenait le commerce et la finance pour des activités moralement condamnables. Ils remplissaient d'ailleurs aussi une grande partie des fonctions de médecins et de soldats pour le compte des chrétiens. Grâce à ces diverses activités professionnelles, ils entretenaient de multiples contacts avec le reste de la population.

Toutefois, dans la plupart des cas, ces contacts ne donnaient pas naissance à des relations sociales extraprofessionnelles. Aussi le ghetto volontaire – espace spécifique pour vivre *entre soi* – n'a-t-il été en fait que le début d'un long processus d'isolement. Institution que les Juifs avaient initialement voulue, ou acceptée comme un privilège, le ghetto va devenir progressivement, à l'initiative de l'Église, le moyen coercitif de les mettre à l'écart.

2. **L'isolement imposé.** – L'Église a toujours craint que ses fidèles perdent la foi au contact des Juifs. Elle pensait que ceux-ci voulaient influencer le culte chrétien, et qu'ils cherchaient à faire des conversions. Mais, surtout, elle avait peur de l'hérésie qui pouvait, pensait-elle, se développer à partir des « Lumières » qu'un peuple plus instruit et plus cosmopolite était en mesure de répandre. C'est pourquoi elle a pris, au cours des XIIIe-XVIe siècles, diverses mesures ségrégatives à l'encontre des Juifs : obligation faite à ceux de la ville de Beaucaire, près de Nîmes, de vivre dans un lieu de résidence qui soit séparé de celui des chrétiens pour éviter les scandales (décision de Philippe le Bel, 1294) ; nécessité de porter une rouelle de tissu jaune pour les distinguer des chrétiens de la province de Romagne (IIIe concile provincial de Ravenne – Italie, 1311), etc. Locales dans un premier temps,

ces dispositions seront rapidement prises par la suite dans toute la chrétienté, dans chaque ville où se trouvait une communauté juive. C'est ainsi que le ghetto de Francfort est institué par décret du Conseil de la ville en 1460, et que le quartier juif de Venise, qui se trouve à proximité de la fonderie de canons *(gietto)*, est transformé en ghetto par décret du 29 mars 1516 de la Sérénissime République[1].

Tous les ghettos, généralement situés dans les secteurs les moins désirables des villes, étaient aussi, dans la plupart des cas, ceints de murs et comportaient une ou plusieurs portes qu'on fermait à minuit. Dès le coucher du soleil, les Juifs devaient se trouver à l'intérieur de l'enceinte sous peine de graves sanctions. Il leur était interdit de sortir dans les rues extérieures au ghetto les dimanches et lors des principales fêtes chrétiennes. Par ailleurs, ils finissaient par vivre dans l'inconfort et le surpeuplement, parce que les autorités refusaient bien souvent d'agrandir le ghetto au fur et à mesure que sa population augmentait.

Cette ségrégation imposée était vécue par les Juifs de façon ambivalente. D'un côté, ils souffraient du manque de confort, de l'absence de liberté de mouvement, et de la perte de statut et de dignité qu'entraînait inévitablement la vie dans le ghetto ; mais, d'un autre côté, ils voyaient se réaliser un de leurs vieux rêves, celui de disposer d'un espace protégé. Le ghetto leur offrait la sécurité et une position au sein d'une communauté restreinte, mais intime, qui était à l'abri des tourmentes de l'extérieur. Ils avaient donc conscience de posséder une ébauche de statut qui les discriminait sans doute, mais leur assurait néanmoins une place dans cette société médiévale où beaucoup d'individus souffraient de l'absence de reconnaissance.

3. **L'organisation communautaire du ghetto.** – Au cours du temps, les Juifs s'adaptèrent bon gré mal gré à

1. H. Vieillard-Baron, 1994, *op. cit.*

ces restrictions et réussirent à édifier leurs propres sociétés qui leur assuraient les conditions d'une vie rendue supportable par la solidité des liens sociaux et par l'esprit d'entraide. Le ghetto était une *communauté* de parents et d'amis dans laquelle chacun puisait le courage de vivre et d'affronter l'hostilité du monde extérieur. Ainsi, la *Judenstadt* de Prague, considérée comme le plus grand ghetto d'Europe au XVIIIᵉ siècle, regroupait 10 000 personnes vivant dans des conditions proches de l'insalubrité ; on y trouvait cependant un important réseau d'entreprises et d'associations, de lieux de culte et de guildes, et un hôtel de ville, symbole de l'autonomie relative et de la force communautaire de ses habitants[1]. Le ghetto juif constituait alors une microsociété avec ses institutions, ses instances représentatives, ses lieux de rencontre – la synagogue entre autres –, sa hiérarchie interne, ses élites, mais aussi ses parias. Cette communauté, organisée à l'intérieur des murs de son ghetto, n'était nullement repliée sur elle-même. Certains de ses membres voyageaient d'une ville à l'autre, voire d'un pays à l'autre, et leurs récits de voyage étaient abondamment diffusés et commentés. Les Juifs étaient, à cette époque, certainement plus informés des événements du monde que leurs voisins chrétiens. Par ailleurs, leur société ne restait pas tout à fait imperméable à l'univers culturel des chrétiens qui l'entouraient. Au XVIIIᵉ siècle, Léon de Modène souligne les influences que Juifs et chrétiens exercent les uns sur les autres, dans des domaines aussi variés que ceux de la musique, de la danse, du théâtre, ou encore des jeux de hasard et des pratiques superstitieuses[2].

Toutefois et en dépit de ces contacts avec la chrétienté, les Juifs connurent pendant de longs siècles la dure existence des parias. Il faut attendre la seconde moitié du XIXᵉ siècle pour qu'ils obtiennent leur émancipation totale (leurs pleins droits civiques) un peu partout dans le

1. L. Wacquant, Pour en finir avec le mythe des « cités-ghettos », in *Les Annales de la recherche urbaine*, n° 54, 1992*a*.
2. H. Vieillard-Baron, 1994, *op. cit.*

monde : en 1858, en Espagne ; en 1865, en Suisse et en Suède ; en 1870, en Angleterre et dans le nouvel Empire allemand ; en 1917, en Russie...

Le ghetto de Rome se maintint jusqu'en 1885, date à laquelle il fut détruit : avec lui disparaissait le dernier ghetto d'Europe occidentale. Mais à Varsovie, en 1941, les nazis réinstitutionnalisèrent l'enfermement des Juifs. D'une façon beaucoup plus radicale que dans les ghettos de la période du XVIe au XVIIIe siècle, des milliers de personnes furent rassemblées, soumises au travail forcé et à toutes les exactions. Pour écraser l'insurrection du ghetto en 1943, les hitlériens détruisirent systématiquement tout le quartier et sa population.

Étant donné les conditions de détention particulièrement cruelles auxquelles les Juifs étaient soumis dans le ghetto de Varsovie, et parce que le souvenir de la tragédie dont il fut le théâtre est encore présent dans les esprits, il symbolise dans notre mémoire collective la terreur et l'ignominie. C'est à lui que nous pensons tout de suite aujourd'hui lorsque nous parlons de ghetto, ou lorsque nous cherchons un exemple de ce que peut produire la volonté d'enfermer des hommes pour les exterminer plus aisément.

En s'appuyant sur l'histoire de l'assignation à résidence de la communauté juive, les chercheurs en sciences sociales ont assez précisément défini ce qu'il faut entendre par le terme « ghetto », et quels sont les critères qui permettent de caractériser cette réalité historique. Le ghetto correspond à une aire géographique clairement délimitée, assujettie à une autorité externe ; il regroupe une population partageant une même identité religieuse et culturelle, sinon « ethnique » ; c'est par ailleurs un ensemble diversifié économiquement, socialement et professionnellement au point de constituer une microsociété ; c'est enfin un espace déconsidéré par l'image humiliante que la puissance dominatrice répand à son sujet, et que lui renvoie le monde environnant.

Nos îlots d'habitat social dégradé sont souvent comparés à des ghettos. Mais cette comparaison est excessive, du moins si l'on admet : 1 / que le ghetto est une communauté – une microsociété ; 2 / qu'il occupe un espace réglementairement circonscrit ; 3 / que sa population est culturellement homogène ; 4 / qu'il est sous la domination d'un pouvoir extérieur et coercitif ; 5 / qu'il est discrédité dans son environnement. En effet, dans les quartiers défavorisés des périphéries de nos villes, la situation économique précaire dans laquelle se trouvent les habitants est leur seul dénominateur commun ; ils ne constituent pas une communauté culturelle ou « ethnique » homogène, et ne sont pas non plus dotés des structures de solidarité caractéristiques du ghetto d'origine.

Il arrive également parfois que l'on identifie ces quartiers aux ghettos noirs américains. Mais peut-on véritablement comparer nos quartiers HLM des banlieues ouvrières en déclin aux « vastes enclaves de désolation » et d'exclusion raciale des villes américaines ?

III. – Les processus américains de ghettoïsation

Dans les villes américaines, c'est la couleur de la peau qui est l'élément dominant et spécifique de la relégation. Le fait racial est au cœur même de l'histoire des États-Unis : de l'esclavage aux émeutes de Los Angeles (1992), en passant par la guerre de Sécession, on retrouve systématiquement la distinction Blanc-Noir dans la trame des conflits. H. Vieillard-Baron en vient même à se demander si le clivage racial ne serait pas en quelque sorte intériorisé dans la conscience collective américaine[1]. En tout cas, les ghettos se sont « tout naturellement » constitués à partir d'une exclusion raciale. Dans la majorité des cas, ils sont composés d'individus de couleur noire, sauf dans les villes du Sud et de la Californie où l'on trouve de plus en plus de ghettos hispanisants ou Chicanos. Le recense-

1. H. Vieillard-Baron, 1994, *op. cit.*

ment de 1990 a montré que, dans les grandes métropoles des États-Unis, la ségrégation raciale n'avait pas cédé de terrain depuis la fin de la seconde guerre mondiale : ainsi, à Chicago, 71 % des Noirs vivent toujours dans des espaces ségrégés[1].

Aux États-Unis, les immigrants blancs de diverses origines, y compris les Juifs, n'ont jamais connu l' « assignation à résidence » proprement dite ; la plupart d'entre eux se retrouvaient en effet dans des *quartiers ethniques* au recrutement essentiellement volontaire et hétérogène. Ces secteurs, largement ouverts sur le monde extérieur, servaient en fait de sas vers la société américaine blanche composite. Les émigrants d'Europe s'intégraient ainsi en se fondant progressivement à l'univers environnemental, jusqu'à ce que le processus d' « hybridation » fasse son œuvre (disparition des « traits » étrangers).

Les sociologues de l'École de Chicago, notamment Louis Wirth[2], ont rendu compte de ce mouvement dans le courant des années 1920. Selon les règles de l'écologie humaine, le passage par le quartier ethnique – que Wirth appelle le *ghetto* – est une étape nécessaire dans le processus d'insertion. Pendant cette phase, un « resserrement communautaire » s'opère, qui permet à l'immigrant de s'adapter à son nouvel univers. Cette première étape s'inscrit dans un système de mobilité géographique et dans une dynamique de promotion économique. Dans cette perspective, les sociologues de Chicago attribuent au ghetto une fonction positive de relais ; ils le considèrent, en effet, comme un lieu de préservation des modèles culturels, des institutions et des formes de sociabilité typiques de la communauté d'origine, avec comme dessein de limiter les effets désorganisateurs du « choc des cultures », au prix d'une séparation spatiale qui ajuste le jeu des proximités et des distances avec le groupe dominant. Mais Wirth n'étire-t-il pas quelque peu la notion de

---

1. S. Body-Gendrot, *Ville et violence : l'irruption de nouveaux acteurs*, Paris, PUF, 1995.
2. L. Wirth, 1980, *op. cit.*

ghetto lorsqu'il l'applique à la première zone résidentielle ? Il fait un amalgame entre, d'une part, les « enclaves ethniques » intermédiaires qui servent d'espace transitionnel aux habitants ayant les possibilités de s'inscrire dans des parcours urbanistiques et sociaux ascensionnels, et, d'autre part, les « aires d'assignation » qui regroupent des populations captives, à la mobilité réduite. Du reste, les sociologues de l'École de Chicago n'utilisaient le terme « ghetto » que pour désigner les quartiers nés de l'immigration juive allemande ; à propos des autres groupes de migrants, ils employaient des expressions différentes, et parlaient, par exemple, des *Black Belts* pour les quartiers noirs, ou des *Little Sicilies* pour les quartiers italiens.

1. **Le ghetto noir.** – Le ghetto noir est tout différent. Apparu au début du siècle avec la poussée des grands mouvements migratoires des Noirs des États du Sud, descendants des esclaves affranchis, il représente le stade ultime de la politique d'exclusion ethno-raciale qu'ils subissaient depuis plusieurs siècles. Les ghettos sont situés au cœur des villes, ou *inner-cities*, pour employer une expression anglo-saxonne. Dès la fin du XIXᵉ siècle, avec le développement des transports, les familles américaines aisées quittent les centres, où s'entassent les ouvriers noirs et étrangers, pour gagner les quartiers périphériques verdoyants, et accéder à l'*american dream* (rêve américain) du pavillon individuel situé dans un environnement social sélectif. À partir de 1920, les banlieues résidentielles utilisent en effet le procédé du zonage qui aboutit à une exclusion raciale. Pour ne pas déprécier la valeur foncière, on interdit aux personnes de race noire[1] de s'installer dans les banlieues blanches. Avec une ségrégation raciale associée à une ségrégation sociale, le ghetto est devenu progressivement l'aire géographique de

---

1. Mais aussi à toutes les personnes dont la présence est susceptible de faire baisser le prix du foncier, du fait de leur nationalité ou d'autres caractéristiques.

l'exclusion, et a pris la forme d'une structure urbaine cumulant les quatre composantes du racisme répertoriées par Michel Wieviorka : préjugé, violence, ségrégation et discrimination[1]. Sous la pression de l'intolérance blanche, qui se manifeste par un usage fréquent de la violence physique, une véritable ville noire – qui a ses lieux de culte, ses réseaux d'entraide, ses organes de presse, ses circuits de distribution, ses propres institutions politiques et culturelles – s'est constituée dans ces enclaves urbaines de détresse et de précarité.

À partir des années 1950-1960, les mesures gouvernementales d'action préférentielle – *discrimination positive* – et le mouvement de lutte pour l'obtention des droits civiques ont pour conséquence de transformer profondément le ghetto noir américain. Il se vide peu à peu des « segments mobiles » de la communauté noire – la classe moyenne dans l'ensemble – et, avec eux, des structures sociales et culturelles (Églises, associations...), et des activités économiques qui lui donnaient son autonomie relative et son dynamisme communautaire[2]. Entre 1970 et 1980, un Noir sur dix quitte le centre ville, portant la part des Noirs en banlieue à 21 %. Cela n'est pas le signe de leur intégration, mais seulement celui de la diffusion spatiale des structures ségrégatives : 86 % des Blancs des banlieues des villes américaines résident dans des aires contenant moins de 1 % de Noirs. Pendant ce temps, les catégories de population noire les plus précarisées, que l'école n'instruit plus et que l'économie a cessé d'entretenir, continuent d'affluer vers les ghettos des centres-villes.

Par ailleurs, sous l'effet de la récession économique, des restructurations industrielles, de l'apparition de formes souples de travail, de l'entrée massive des femmes sur le marché du travail, bref d'une « économie en forme de sablier », le ghetto a perdu sa fonction économique de

1. M. Wieviorka, *L'espace du racisme*, Paris, Le Seuil, 1991.
2. W. J. Wilson, *Les oubliés de l'Amérique*, Paris, Desclée de Brouwer, 1994.

réserve de main-d'œuvre bon marché pour les besoins de l'économie lors des phases de croissance. Aujourd'hui, la grande majorité des Noirs qui vivent dans les ghettos sont exclus du marché de l'emploi salarié pendant une bonne partie de leur existence. Les employeurs préfèrent embaucher un jeune immigrant – d'Amérique centrale par exemple –, prêt à travailler dans les conditions les plus pénibles, plutôt qu'un jeune Noir amer et découragé, qu'ils jugent trop arrogant, agressif et irresponsable. Ainsi, en 1989, le taux de chômage national des jeunes Noirs âgés de 16 à 19 ans s'élevait à 32 %, alors qu'il était de 12 % pour les jeunes Blancs de la même tranche d'âge ; pour les filles l'écart était sensiblement identique : 33 % pour les Noires et 12 % pour les Blanches[1]...

2. Le ghetto américain, une terre de désolation. – Les ghettos américains sont aujourd'hui des terres de « désolation urbaine et humaine », qui dépassent parfois la taille d'une ville importante : celui du *West Side* de Chicago, par exemple, contient à lui seul 300 000 habitants. Le paysage urbain est pratiquement toujours le même, qu'il s'agisse d'*East New York* à Brooklyn, de *Hough* à Cleveland, du *South Bronx* ou encore de *North Philadelphia* : des kilomètres de rues sales jalonnées d'immeubles abandonnés, de maisons calcinées, de magasins à la vitrine défoncée, scandés par des terrains vagues envahis d'éboulis et jonchés d'immondices de toutes sortes et de voitures désossées ou brûlées.

Le peu de logements sociaux que l'on trouve dans ces zones ne sont pas entretenus par les pouvoirs publics[2] ; c'est le cas, par exemple, des *Robert Taylor Homes* de

1. S. Body-Gendrot, 1995, 1997, *op. cit.* ; cf. également S. Body-Gendrot, Les États-Unis, un cas à part, in *Alternatives économiques*, n° 19, 1994.
2. Le parc de logements sociaux représente moins de 1,5 % du parc immobilier aux États-Unis (S. Body-Gendrot, 1995, *op. cit.*). En France, le nombre de logements sociaux est de 3,5 millions, soit 13 % de l'ensemble du parc immobilier (J.-M. Stébé, 1998, *op. cit.*).

Chicago, grand ensemble de logements sociaux avec ses 28 tours de 16 étages qui se succèdent sur 7 km, sans un seul commerce, si ce n'est des débits de boissons et quelques magasins d'alimentation. Les plus de 20 000 locataires qui vivent dans cet ensemble sont tous de race noire ; 69 % d'entre eux sont âgés de moins de 18 ans, et 93 % des familles sont monoparentales. Depuis plus de vingt ans, les immeubles sont laissés à l'abandon par les bailleurs sociaux qui préfèrent murer certains appartements plutôt que de les réparer. La population de cet ensemble de logements sociaux est dans une situation catastrophique depuis plusieurs années, et s'enfonce dans l'anomie, comme l'indique le taux de criminalité particulièrement élevé qui la caractérise (par rapport à la moyenne des autres quartiers de Chicago).

3. **La ségrégation raciale, un processus récurrent.** – Selon Doug Massey, il est clair que la ségrégation constitue la principale cause de la marginalité et de la pauvreté qui touchent une partie importante des Afro-Américains[1]. Toutefois, il remarque qu'elle est relativement indépendante du niveau d'instruction et des revenus des Noirs – on trouve des quartiers périphériques ségrégés qui sont peuplés de Noirs dotés d'un fort capital économique et culturel –, et que la dégradation sociale des ghettos ne s'explique pas seulement par la crise de l'emploi de ces vingt dernières années.

Une des données qui caractérisent l'exclusion est celle du taux de mariages mixtes qui n'est jamais parvenu à franchir le seuil des 0,6 %, et ce en dépit de l'implantation des Noirs sur le sol américain depuis de nombreuses générations. La ségrégation ne semble pas prête à disparaître, étant donné que le pourcentage de Noirs vivant dans des zones à plus de 90 % monoraciales continue de progresser dans certaines métropoles : à De-

1. D. Massey, American Apartheid : Segregation and the Making of the Underclass, in *American Journal of Sociology*, 96-2, 1990.

troit, il passe de 57 % en 1980 à 61 % en 1990, et, dans le même temps, de 45,5 % à 48 % à Buffalo. Dans d'autres agglomérations américaines, malgré une tendance à l'atténuation du phénomène au cours de cette décennie, les Noirs habitent encore pour une grande part dans des quartiers spatialement isolés : à Memphis ils sont 58 %, à Saint-Louis 54 %, et à Philadelphie 53 %. S. Body-Gendrot montre, dans l'un de ses ouvrages[1], comment certains quartiers de grandes villes se transforment en ghetto, notamment le quartier de *Roseland* au sud de Chicago : celui-ci compte, en 1940, 4 % de Noirs, en 1960 le pourcentage s'élève à plus de 25 %, dix ans plus tard il est de 55 %, et atteint 98 % au début des années 1980. En l'espace de quatre décennies, la population de *Roseland* est devenue monoraciale. À quelques kilomètres de là, le quartier de *Mount Greenwood*, entièrement peuplé de Blancs en 1930, ne s'est pas modifié, et ne compte aujourd'hui que 1 % de Noirs. Dans ces deux cas, les revenus des deux populations sont identiques, le facteur de précarité ne joue donc pas ici dans le processus ségrégatif, mais, comme le dit Body-Gendrot, ce sont plutôt le racisme et les stéréotypes sociaux qui concourent à la formation des ghettos.

On peut d'ailleurs assez précisément délimiter les frontières des zones ghettoïsées dans les villes américaines. Le plus souvent, en effet, on passe sans transition, à l'exception parfois de quelques espaces multiculturels où Latinos et Noirs cohabitent, d'un quartier où résident exclusivement des Noirs à un quartier peuplé totalement par des Blancs. Ces espaces localisés à proximité des ghettos afro-américains et des quartiers coréens, constituent des territoires *borderline* et servent de plus en plus de « zones tampon » entre les différents quartiers.

Alors que l'on pouvait différencier les catégories sociales qui se côtoyaient dans les ghettos d'il y a vingt ou trente ans, il est extrêmement difficile d'y parvenir aujourd'hui, tant la ségrégation des Noirs est devenue radi-

1. S. Body-Gendrot, 1995, *op. cit.*

cale et massive. Certains démographes américains en arrivent, du reste, à parler d'*hyperghetto* pour qualifier ces zones d'homogénéisation sociale profondément précarisées, ségrégées, ghettoïsées, qui ont perdu leur ossature et leurs modes d'organisation sociale et culturelle[1].

4. La violence exacerbée des ghettos.

– Les habitants des quartiers « sensibles » situés à la périphérie des villes françaises font souvent référence au Bronx, mais aussi à Chicago pour décrire la situation de violence dans laquelle se trouve leur cité. Ils évoquent volontiers la brutalité et la terreur qui règnent, selon eux, dans les villes américaines, notamment dans la ville mythique d'Al Capone, parce qu'ils considèrent leur quartier comme insécure, envahi par la drogue, les agressions physiques et les vols. Parfois reprise par les médias, cette comparaison est-elle adaptée à la situation de nos grands ensembles HLM ? Là encore, pour répondre à une telle interrogation, il est nécessaire de fournir quelques données sur la violence aux États-Unis dans son ensemble et tout particulièrement dans les ghettos.

Le *Federal Bureau of Investigation (FBI)* a recensé 25 000 homicides au cours de l'année 1991, soit une moyenne de plus de 65 par jour, pour une population de 250 millions de personnes. À titre de comparaison, la France, qui compte 57 millions d'habitants, comptabilise un peu moins de quatre homicides quotidiens. Selon le département américain de la Justice, les taux d'homicide pour 100 000 habitants sont quatre à cinq fois plus élevés aux États-Unis qu'en Europe, les viols le sont sept fois plus et la petite délinquance deux fois plus.

On note également que la ville de Chicago n'est pas à la hauteur de la triste réputation que son histoire et les

---

1. D. Massey et N. Denton parlent d' « hyperségrégation », in Hypersegregation in US Metropolitan Areas : Black and Hispanic Segregation Among Five Dimensions, in *Demography*, 26-3, 1989, mais c'est plutôt L. Wacquant qui utilise le terme d' « hyperghettoïsation », in The zone, *Les Actes de la recherche en sciences sociales*, n° 93, 1992*b*.

aventures des *Incorruptibles* lui ont faite, puisqu'elle n'occupe « que » la 19ᵉ place au palmarès des villes les plus dangereuses ; il n'en reste pas moins que près de 850 homicides volontaires (essentiellement par armes de poing) y ont été commis en 1991. Dans certains quartiers de la ville, le taux de crimes graves atteint 1 % de la population, et les enfants apprennent, dès l'âge de 4 ou 5 ans, à se jeter au sol quand ils entendent les balles siffler, ce qui semble arriver fréquemment[1]. Étant donné le taux élevé d'agression avec des armes à l'intérieur des écoles publiques, celles-ci se sont équipées de portiques de détection des métaux pour limiter le nombre d'armes circulant dans leurs murs. Une enquête réalisée auprès de 31 établissements scolaires de l'Illinois révèle que, dans le but d'assurer leur sécurité, près d'un tiers des élèves apportent une arme en cours – une arme à feu dans 5 % des cas. Les études statistiques montrent que près de 2 millions de jeunes sont victimes de violences et d'attaques (dont 12 % sont des attaques à main armée) chaque année dans les écoles américaines. La législation qui autorise la vente libre des armes à feu facilite leur usage qui fait de plus en plus de victimes parmi la population des 15-24 ans. Cette cause de décès représentait 14 % en 1984, et 43 % dix ans plus tard. Elle est actuellement la première cause de mortalité des Noirs de cette tranche d'âge dans les ghettos américains ; on estime, en effet, qu'un jeune Noir courait moins de risques de mort violente dans une unité combattante au Vietnam, qu'il n'en court aujourd'hui dans les rues de Harlem, au cœur même de New York.

Les statistiques montrent aussi que les homicides ne franchissent que marginalement les frontières raciales : 86 % des Noirs sont en effet tués par des Noirs, 75 % des Latinos par des Latinos et 55 % des Blancs par des Blancs[2]. Cette violence récurrente ne constitue plus,

---

1. L. Wacquant, *Redrawing the Urban Color Line : The State of the Ghetto in the 1980s*, in Craig Jackson Calhoun et George Ritzer (éd.), *Social Problems*, New York, McGraw-Hill, 1992.
2. S. Body-Gendrot, 1995, *op. cit.*

comme dans les années 1960 et 1970, une forme de riposte aux provocations et aux agressions dont les communautés noires étaient l'objet ; elle est, depuis une bonne quinzaine d'années, l'expression d'un désespoir si profond que l'usage des armes apparaît comme le seul moyen de le manifester. On a affaire aujourd'hui à ce que L. Coser appelle des « conflits irréalistes », c'est-à-dire à des conflits que l'on ne peut pas comprendre à la lumière de la fonction économique, sociale ou politique qu'ils remplissent ; contrairement, en effet, aux « conflits réalistes », ils s'expliquent seulement par le besoin que des acteurs sociaux peuvent éprouver de se libérer de la surcharge de frustration, de colère, de ressentiment, qui s'est accumulée en eux[1]. Mais il demeure que bien souvent cette violence s'organise à partir d'un des trois facteurs suivants : la crainte face à une situation inconnue, ou face à des personnes appréhendées comme des agresseurs putatifs, le défi qu'on se lance à soi-même, le désir de ne pas perdre la face et/ou d'embellir son image de dur vis-à-vis des autres.

Le ghetto est ainsi devenu un monde où la violence est omniprésente, systématique et récurrente. Elle a fini par devenir un état « naturel », nécessaire à la survie du groupe et entretenue par les gangs qui s'affrontent pour le contrôle du trafic de la drogue dans tel ou tel lieu. Depuis l'apparition du crack (un dérivé de la cocaïne) au milieu des années 1980, les profits ont été décuplés. Il y a donc là un marché important qui s'élargit sans cesse : les États-Unis consomment à eux seuls 60 % de la production mondiale de drogue, et on y comptait environ 13 millions de foyers toxicomanes au début des années 1990.

La formation des gangs n'est pas un phénomène nouveau, puisqu'on en dénombrait déjà 1 313 à Chicago dans les années 1920[2]. Mais le très lucratif commerce de la drogue a eu pour effet leur prolifération partout dans

1. L. Coser, *Les fonctions du conflit social*, Paris, PUF, 1982.
2. F. Thrasher, 1936, *op. cit.*

le pays : selon certaines études, la ville de New York en compterait une cinquantaine aujourd'hui – soit environ 5 000 personnes âgées de 9 à 40 ans ; à Chicago ils seraient au nombre de 125, et ceux de Los Angeles regrouperaient quelque 35 000 jeunes, peut-être beaucoup plus, selon certaines sources policières[1].

Les gangs recrutent des individus de plus en plus jeunes, des enfants et des adolescents, qui pour certains trouvent là une possibilité de valorisation affective. Cela reste néanmoins assez hypothétique, car les gangs ne sont en fait des groupes que très peu structurés, bien souvent divisés en sous-ensembles, en perpétuels conflits les uns contre les autres, avec seulement à leur tête quelques personnalités fortes *(original gangsters)*. Le seul élément structurant, pourrait-on dire, serait la violence, avec toutefois des contraintes imposés dans son exercice, de crainte de représailles, et en raison d'un code de conduite assez obscur basé sur le respect et l'honneur.

À côté de l'exclusion raciale et de la violence physique, le ghetto américain est soumis à la « violence économique ». Il est devenu peu à peu un territoire de relégation sur lequel vit désormais une population captive parce que dépourvue des ressources matérielles, sociales et psychologiques qui lui permettraient de s'en extraire. Les trois quarts des adultes noirs qui habitent l'*inner-city* de Chicago, par exemple, sont sans emploi ; 60 % des familles ne comptent officiellement pas de père et sont vouées aux soupes populaires offertes par l'Armée du Salut ou par les églises de quartier, et aux coupons alimentaires fédéraux. Au total, plus de 30 % des 1 200 000 Noirs de Chicago vivent en dessous du seuil officiel de pauvreté.

Enfin, la discrimination qui pèse sur les populations des ghettos américains est aggravée par la dégradation des moyens de s'instruire auxquels elles ont accès. Dans ces quartiers plus ou moins abandonnés par les pouvoirs publics, les écoles servent moins à former les élèves qu'à

1. S. Body-Gendrot, 1995, *op. cit.*

les nourrir en mettant des cantines à leur disposition, et à les protéger en s'assurant qu'ils n'y introduisent aucune arme. Toujours à Chicago, les écoles publiques, dont les budgets sont perpétuellement déficitaires, n'accueillent pratiquement plus que les enfants des familles afro-américaines ou hispanisantes, qui constituent respectivement 87 % et 70 % de leurs effectifs. On n'est donc pas surpris d'apprendre que, placés dans de si défavorables conditions de formation, 7 % seulement des élèves de troisième parviennent en terminale avec un niveau de connaissances au moins équivalent à la moyenne nationale.

IV. – Une comparaison excessive

Ce bilan assez accablant des caractéristiques majeures des ghettos américains nous permet de dire que les quartiers « sensibles » français ne leur sont guère comparables. Les problèmes de relégation ou de délinquance qui se posent dans certaines de nos banlieues n'ont pas la même ampleur, et ne sont pas non plus de même nature que ceux qui se posent dans les *inner-cities* américaines. Observateur de ces deux types d'espaces urbains ségrégés, L. Wacquant a pu distinguer cinq raisons de ne pas les confondre[1].

Tout d'abord, la taille des ghettos américains et celle des cités précarisées françaises ne sont absolument pas du même ordre. Le ghetto du *West Side* à Chicago, par exemple, s'étend sur plusieurs centaines de kilomètres carrés, et compte près de 300 000 habitants. Rien à voir avec nos cités HLM de banlieue, dont aucune ne dépasse le dixième de la taille d'un des ghettos américains. La cité des 4 000 à La Courneuve, si souvent mise en avant par les médias, accueille 14 500 personnes dans un parc de 3 600 logements.

---

1. L. Wacquant, Banlieues françaises et ghetto noir américain : de l'amalgame à la comparaison, in *French Politics and Society*, vol. 10, n° 4, 1992c.

Ensuite, la population du ghetto étatsunien est presque exclusivement noire. De ce point de vue, il est donc homogène. Au contraire, les banlieues défavorisées françaises se caractérisent par la grande diversité de leur composition ethnique. Bien que la majorité de leurs habitants soient des Français natifs de l'Hexagone (60 % aux Minguettes de Vénissieux, par exemple, 61 % à Woippy-Saint-Éloy dans la banlieue de Metz), il n'est pas rare qu'une bonne vingtaine de nationalités – plus de 80 à Sarcelles dans la banlieue parisienne par exemple – y soient représentées. Dans les 500 quartiers qui ont bénéficié d'une opération de réhabilitation au début des années 1990, on comptait une moyenne de 18,3 % d'étrangers d'origines très diverses.

Par ailleurs, la situation de précarité socio-économique est extrêmement préoccupante dans les *innercities*. La crise économique, avec ses conséquences sur l'emploi, a touché en priorité les Afro-Américains des ghettos, qui se trouvent pour une grande part au chômage, et ce, sans protection sociale. En France, au contraire, le système de couverture sociale, de plus en plus renforcé, assure aux ménages une garantie de ressources. Les minima sociaux, avec, en autres, le revenu minimum d'insertion (RMI), constituent « un filet généralisé de sécurité dont beaucoup d'Américains sont privés »[1].

Il faut aussi noter que l'État et les services publics américains se sont retirés des territoires urbains ghettoïsés ; une politique d'abandon planifiée – appelée *planned shrinkage* – a été orchestrée, qui a eu pour conséquences le délabrement croissant du cadre bâti, la dégradation de l'environnement, et la paupérisation continue des ghettos noirs[2].

Enfin, la criminalité dans les ghettos de certaines métropoles américaines, comme Los Angeles, Washington

---

1. S. Paugam, *L'habitat socialement disqualifié,* in F. Ascher (sous la dir.), *Le logement en questions*, Paris, Éd. de L'Aube, 1995.
2. Les cités HLM des villes françaises bénéficient depuis fort longtemps d'un investissement important du budget national, notamment à travers les politiques de la ville (cf. J.-M. Stébé, *La réhabilitation de l'habitat social en France*, Paris, PUF, 1995).

ou Detroit, est sans commune mesure avec l'insécurité qui règne dans les banlieues défavorisées françaises. Dans ces dernières, on a le plus souvent affaire à des vols ou à des rixes entre voisins, tandis que, dans les ghettos américains, il n'est pas rare que les règlements de compte entre gangs rivaux donnent lieu à des fusillades.

On commet donc, remarque L. Wacquant, un abus de langage lorsqu'on applique le terme « ghetto » aux quartiers d'habitat social français, ou lorsqu'on les compare aux *inner-cities* des métropoles américaines. Entretenir le mythe des « cités-ghettos » dans le débat public autour de la ville, comme ont parfois tendance à le faire les médias, ou les hommes politiques, ouvre la porte au « sensationnalisme » et au « spectaculaire ». L'usage du mot « ghetto » est bien souvent destiné à provoquer, à « faire choc ». « Parler aujourd'hui de "banlieue à problèmes" ou de "ghetto", nous dit P. Bourdieu, c'est évoquer, presque automatiquement, non des "réalités", d'ailleurs très largement inconnues de ceux qui en parlent le plus volontiers, mais des fantasmes, nourris d'expériences émotionnelles suscitées par des mots ou des images plus ou moins incontrôlés, comme ceux que véhiculent la presse à sensation et la propagande ou la rumeur politiques. »[1]

Ce ne serait pas de ghetto qu'il faudrait parler, mais plutôt des difficultés d'accès au travail, à l'école, au logement, aux soins, aux loisirs, de l'aggravation des inégalités de tous ordres, ou encore de la répartition inéquitable des fruits de la croissance. Déclarer que les banlieues HLM ne sont pas des ghettos, ne revient pas nécessairement à dire, précise L. Wacquant, que tout va pour le mieux dans le meilleur des mondes des *cités « sensibles »*, loin s'en faut ; en effet, leurs habitants n'en sont pas moins les premières victimes d'un fait sociologique majeur : la bipolarisation de la société française, provoquée par la déliquescence de la classe ouvrière, par les effets

1. P. Bourdieu, *Effets de lieu,* in P. Bourdieu (éd.), *La misère du monde*, Paris, Le Seuil, 1993.

psychologiques du chômage sur les individus, et par le clivage économique et social qui se creuse chaque jour davantage entre ceux qui disposent d'un emploi stable et d'un capital culturel certifié ou certifiable, et ceux qui se retrouvent relégués dans la « galère » parce qu'ils sont à la fois dénués de toute certification scolaire, exclus du marché du travail, et privés de logement[1].

1. L. Wacquant, 1992*a, op. cit.*

Chapitre IV

UNE CULTURE DE BANLIEUE

Au début de la décennie 1980, une musique et une danse nouvelles font leur apparition en France, et un peu partout dans le monde. Respectivement appelées *rap* et *break-dance*, ces innovations artistiques font partie d'un mouvement culturel assez large, qui est indissociable du contexte urbain, et que l'on nomme *hip-hop*. Né au milieu des années 1970 dans les ghettos noirs américains, ce mouvement recouvre trois modes d'expression artistique, considérés comme autant d'activités complémentaires : le mode musical (rap, *raggamuffin*, DJing), le mode corporel *(break-dance, smurf, hype, double-dutch),* et enfin le mode graphique (tag, graffiti) ; ces activités sont caractéristiques d'une culture urbaine spécifique instaurée par des jeunes pour la plupart issus de l'immigration, et qui ont leur langage (argotique : le verlan), leur façon de s'habiller, et un style de vie qui leur est propre. Si le hip-hop n'est pas resté enfermé dans les limites des banlieues « sensibles », il reste néanmoins que, dès son introduction en France, il trouva là un écho favorable auprès de nombreux jeunes dont certains en feront même un signe de ralliement et/ou un moyen d'expression[1]. Mais l'enracinement du mouvement hip-hop au travers d'adolescents « blacks-blancs-beurs » issus de zones urbaines défavorisées aura pour conséquence, selon H. Bazin, de le réduire dans l'imaginaire social aux champs du ghetto, de l'immigration et de la jeunesse ; il sera alors assimilé à

---

1. D. Lepoutre note tout de même, à ce propos, que nombre d'adolescents qu'il a rencontrés, au cours de son travail de recherche sur la cité des 4 000 à La Courneuve, ne participent pas, loin s'en faut, aux activités culturelles, ni ne s'intéressent aux créations artistiques du mouvement hip-hop (D. Lepoutre, 1997, *op. cit.*).

une « culture du ghetto », à un « phénomène ethnique » ou encore à une « sous-culture de la galère »[1]. Porte-parole de cette culture de banlieue déshéritée, le hip-hop ne serait donc qu'un comportement réactionnel à une ghettoïsation, à une relégation, au même titre que le « phénomène de bande » ou les formes de délinquance et de violence. Le hip-hop ne se réduit pourtant pas aux territoires des banlieues défavorisées, il se sert de la ville dans son ensemble, s'infiltrant dans toutes les mailles du réseau urbain pour tenter d'ouvrir de nouveaux horizons, symbolisant la conquête d'une « nouvelle frontière » ; il est aussi un moyen d'exprimer, à travers certains textes de chansons, les injustices sociales et les processus de relégation de certains espaces urbains.

Après avoir défini la culture hip-hop, nous nous attacherons à présenter les différentes formes d'expression artistique de ce mouvement culturel. Puis, afin de répondre à la question de savoir si le hip-hop peut être considéré comme une « culture de la banlieue », nous nous arrêterons sur les signes d'appartenance (langage, habillement) au mouvement hip-hop.

I. – Le hip-hop, une culture des rues

Le *hip* est une langue vernaculaire des ghettos noirs américains. Il tire son origine de *hep*, qui signifie « être affranchi, à la page », mais aussi « compétition », « défi ». *To hop,* lui, veut dire « danser », dans l'argot de la rue.

Le *hip* et le *hop* expriment un défi lancé à soi-même et aux autres. En effet, l'ensemble des expressions artistiques fonctionnent sur le principe de la performance individuelle et de la compétition honorifique avec défi. Il s'agira toujours de parvenir au sommet de l'art : « Hip-hop, don't stop, till you reach the top ! »[2]

1. H. Bazin, *La culture hip-hop*, Paris, Desclée de Brouwer, 1995.
2. « N'arrête pas le hip-hop jusqu'à ce que tu aies atteint le sommet ! »

Le hip-hop appartient aux « cultures de la rue des ghettos » qui impulsent un « mouvement » de lutte pour la survie face à la décomposition sociale environnante (enclavement géographique, destruction de la cellule familiale, violences urbaines et économie de la drogue, politiques ségrégatives...). Il sert en quelque sorte de moyen d'adaptation aux conditions de vie précaires et hostiles. D'une manière générale, les rappeurs, les tagueurs, les danseurs ont pendant longtemps fait référence au mouvement dans lequel leurs pratiques s'inscrivent. Mais toute constitution d'un mouvement produit sa propre légende. Ce que dit celle du hip-hop est qu'en 1975, lorsque les luttes font rage entre groupes rivaux dans le Bronx, un personnage émerge, celui d'Afrika Bambaataa. À la fois membre d'un gang et sympathisant des *Black Panthers*, il décide, après la mort de l'un de ses meilleurs amis dans une rixe avec la police, de fonder un mouvement, la nation zulu *(Nation Zulu),* qui exclurait la violence et la drogue. Appuyé sur une idéologie de la non-violence, ce mouvement, qui prône la paix et l'unité, se fixe comme objectif d'enrayer la guerre des gangs et la délinquance par l'introduction de pratiques artistiques (le rap, les disques-jockeys, les graffitis...) qui permettraient aux jeunes des ghettos de s'exprimer individuellement ou collectivement, et d'adhérer à des valeurs positives. À la fin de la décennie 1970, le ralliement progressif de plusieurs formes d'expression artistiques donnera naissance à un cadre de référence culturel qui prendra le nom de hip-hop. A. Bambaataa définit le *hip-hop* comme une « culture qui englobe la *break-dance*, la danse *freestyle*, l'art des graffitis, le style vestimentaire, le langage argotique ou celui de la rue, le *look B. Boy* et *B. Girl,* et le rap, c'est la *tchatche rappin*[1], sa musique et ses disques »[2]. Cette culture populaire va se répandre en France au dé-

---

1. C'est-à-dire : parler en rimes et en rythme.
2. A. Bambaataa, in *Free Style*, DESSE, SBG (interviews réalisées par), Paris, F. Massot et F. Millet (éd.), 1993, cité par H. Bazin, 1995, *op. cit.*

but des années 1980 à travers les musiques diffusées sur les radios libres nouvellement créées. Mais c'est surtout à partir de 1984 que le mouvement hip-hop est propulsé sur la scène française grâce à l'émission de télévision « hip-hop » animée par Sidney sur TF1, et qui montre des images de *smurfers* ou de *breakers* exécutant d'éblouissants exercices de gymnastique au sol. Quelques années plus tard, ce mouvement fait son apparition sur les murs de la capitale sous la forme des graffitis, phénomène « qui ouvre de nouveaux espaces de rencontres et d'échanges multi-arts et multi-cultures »[1]. Au début de la décennie 1990, il atteint une nouvelle dimension, lorsque les grandes compagnies de disques commencent à produire quelques groupes de rap qui accèdent ainsi à une reconnaissance plus large ; « la scène du rap française », comme on l'appelle aujourd'hui, voit le jour avec une musique diversifiée allant du rap *hardcore* de Suprême NTM (Nique Ta Mère ou le Nord Transmet le Message[2]) aux tempos plus *cool* de MC Solaar, en passant par le swing phrasé de IAM (Imperial Asiatic Man), de Marseille.

Marqué en France par une apparition progressive, le hip-hop prendra des directions artistiques variées. Mais on peut y trouver la même énergie de survie, la même volonté d'avoir la force de se battre et de ne pas subir que manifeste le hip-hop américain ; de ce fait il est bien, lui aussi, un « mouvement culturel », comme le dit H. Bazin[3], qui utilise cette expression pour marquer que le hip-hop est, en France comme ailleurs, un ensemble dynamique de pratiques artistiques inséparables du sentiment de partager la même histoire, les mêmes valeurs, les mêmes manières d'être et de penser, de voir et de percevoir, c'est-à-dire la même vision du monde et de la vie. Mais si l'enjeu du mouvement hip-hop est d'éviter l'anéantissement et l'oubli, la réalité est plus complexe qu'il n'y paraît.

1. H. Bazin, 1995, *op. cit.*
2. Où le Nord signifie : le département 93 (la Seine-Saint-Denis).
3. H. Bazin, 1995, *op. cit.*

II. – Les modes d'expression artistique
du hip-hop

1. Les tags ou la performance calligraphique. – Les graffitis[1] urbains ne sont pas à proprement parler un phénomène totalement nouveau, ils apparaissent avec les outils de communication de masse dont ils sont le double sauvage, archaïque et dégradant. En utilisant le support mural d'une façon particulière, par détournement, récupération de l'espace commun (de la rue), ils sacralisent en même temps l'espace public comme territoire du public.

Dans cette perspective, M. Kokoreff distingue trois formes de graffitis[2]. Il y aurait tout d'abord les *graffitis de contenu*, c'est-à-dire ceux qui délivrent un message explicite qui peut aller de l'individuel au collectif, et de l'obscène au politique. Il s'agit dans ce cas d'inscriptions qui visent soit à laisser sur les murs de la ville prise à témoin les traces d'un message personnel ou d'un sentiment privé, soit à marquer son passage dans un lieu historique ou sacré, soit encore à diffuser un message au contenu politique (FLNC...), idéologique (« Les Français d'abord ! ») ou subversif (« À bas l'armée ! »). Le mouvement de Mai 68 sera de ce point de vue le catalyseur de la « libération de la parole » dans l'espace urbain rigide et fonctionnel. Puis, apparus peu après, nous trouvons les *graffitis de détournement*. Ce sont toutes les griffures ironiques apposées sur les images publicitaires (moustaches rajoutées, dentition déformée...). Le leurre publicitaire est ici mis à nu, sur son propre territoire, suite au détournement des détails de l'image. Enfin, il existe une troisième forme de graffitis, les *tags* – mot anglais qui signifie littéralement « étiquette » –, qui déferlent à la fin de la décennie 1960 sur les murs et les palissades des ghettos new-yorkais avant de s'emparer des rames du métro, des camions et des ascenseurs. Les tags désignent

---

1. Le mot *graff,* abrégé de *graffiti,* est aussi souvent utilisé.
2. M. Kokoreff, Tags et zoulous. Une nouvelle violence urbaine, in *Esprit*, n° 169, 1991.

des graffitis répondant aux critères suivants : il s'agit d'une signature, d'un pseudonyme composé d'une ou plusieurs syllabes, d'une inscription répétée de nombreuses fois, en général dans un milieu urbain[1]. Ils représentent en quelque sorte une marque particulière, une « trace incisive »[2].

Les tags participent d'un courant artistique, duquel vont émerger quelques artistes (Jean-Michel Basquiat, Keith Haring...) qui ont commencé leur carrière dans la rue et dans le métro, mais auxquels les galeries les plus cotées ont rapidement ouvert leurs portes. Ce sont surtout ces graffiteurs, dont certaines toiles dépassent 10 000 $ en 1984[3], qui ont diffusé l'image du tag en France, image avec un arrière-plan mythologique en raison de la fin brutale de Basquiat (1988) et de Haring (1990).

Les tags apparaissent sur les murs de Paris aux environs des années 1986-1987. Ils sont vite dénoncés par la presse qui les désigne comme une nouvelle forme de pollution et d'agression visuelle. Pour la plupart des citadins, ces inscriptions ne sont que des écritures informes, des gribouillages, des hiéroglyphes urbains qui salissent. Pour leurs auteurs en revanche, les tags sont des signatures stylisées, qui ont un sens au sein de leur communauté de tagueurs, car chacune d'entre elles est la marque, le logo, d'une personne ou d'un groupe. On aurait ainsi affaire, selon M. Kokoreff, « à une forme d'expression de soi non verbale, implicite, ritualisée, fondamentalement ambivalente en ce qu'elle oscille entre la provocation ostentatoire et le désir de destruction »[4]. De cette « forme d'expression qui se rapproche autant du *happening* que du cri de détresse ou du hurlement graphique », l'auteur

1. A. Vulbeau, Les tags, spectres de la jeunesse, in *Les Annales de la recherche urbaine*, n° 54, 1992.
2. M. Kokoreff, *Le lisse et l'incisif. Les tags dans le métro*, Paris, Éd. de l'Institut de recherche et d'information socio-économique, Université Paris-Dauphine, 1990.
3. A. Vulbeau, 1992, *op. cit.*
4. M. Kokoreff, 1991, *op. cit.*

retient quatre caractéristiques essentielles. Tout d'abord, il y a dans le phénomène tag un *désir de remplissage de l'espace et de visibilité sociale*. Si le tag délivre un message, c'est certainement dans la force de son développement : en 1984, 36 000 m² de graffitis ont été nettoyés à Paris, trois ans après la surface a triplé (108 000 m²)[1]. De ce point de vue, la pratique des tagueurs apparaît comme une « stratégie du paraître » ; tout se passe comme s'il y avait de leur part une volonté de sortir de l'anonymat, dans lequel bien souvent l'exclusion, la précarité économique, sociale et culturelle les a enfermés. Ces exclus ne revendiquent pas forcément des avantages matériels ou un statut social, mais la possibilité de s'inscrire dans un espace social pour y trouver une place spécifique. Par ailleurs, la pratique du tag est de l'ordre du *défi*. Défi par rapport à la loi et à la société qui instaure une relation duelle où la surenchère est de mise. Car si la « chasse » déclarée aux tagueurs par la mairie de Paris, la RATP ou la SNCF a pu en dissuader certains, elle a également contribué à augmenter la détermination de quelques autres. La pratique des tags renvoie aussi à une forme de violence ritualisée, contenue, que les jeunes expriment dans les locutions « avoir la rage », « avoir la haine ». Il s'agit, comme nous l'avons montré précédemment, d'une violence sans objet autant qu'autodestructrice, qui vise à heurter, à défier, quitte à renforcer le jugement négatif que les autres porteront sur ses acteurs[2]. Les noms des groupes de tagueurs – les DST *(Destroy Squad Terrorist)*, les CTK *(Crime Time Kings)*... –, tout comme le vocabulaire utilisé pour signifier l'action de taguer – « tuer », « massacrer » un mur, un wagon... – traduit cette violence, cette rage. Enfin, les tags sont une *performance*. Maîtriser l'art du tag, c'est parvenir à reproduire à l'identique, le plus souvent possible, sa signature, sa griffe, dans les endroits les plus visibles, les plus risqués possibles, de façon à ce qu'elle reste inscrite le plus long-

1. H. Bazin, 1995, *op. cit.*
2. Cf. chap. II, « La galère ».

temps possible, pour parvenir à être le plus connu. L'essentiel serait donc de s'afficher en lettres stylisées pour exister et pour marquer son territoire.

Depuis 1993, la pratique des tags s'est beaucoup atténuée en France, en raison du déploiement de mesures répressives sévères et fortement dissuasives, et certainement aussi par un effet d'atténuation de mode.

2. Le rap ou l'art oratoire.

– Le rap est un genre musical que G. Lapassade et P. Rousselot[1] proposent de définir, comme une diction, mi-parlée mi-chantée, de textes élaborés, rimés et rythmés, et qui s'étend sur une base musicale produite par un *disc-jockey*[2] à partir de mixages d'extraits de disques et autres sources sonores (bandes préenregistrées, par exemple). Il a pris naissance dans les performances orales et musicales des *disc-jockeys* de boîtes de nuit et de radios aux États-Unis, qui en ont été les précurseurs lorsqu'ils rivalisaient d'agilité élocutoire au micro et d'adresse aux platines.

À ses débuts, le rap n'a été pratiqué que dans les ghettos, sous forme de concerts improvisés par les *DJ's* eux-mêmes, pour finalement devenir le mode d'expression de toute une partie de la jeunesse noire américaine. Comme le jazz, le blues..., le rap est inséparable de la culture et de l'art de la population noire d'Amérique. Les rappeurs mettent d'ailleurs en musique des textes qui évoquent les questions de minorité, de racisme, de violence urbaine, de précarité, de drogue, etc. Leur art est la manifestation d'un « traumatisme social profond », comme le dit M. Kokoreff.

Le rap accorde une grande importance aux exploits élocutoires, et à l'improvisation devant un public actif de *B. Boys*[3]. Le mot « rap » lui-même vient de l'américain *to rap*, qui signifie « bavarder, raconter n'importe quoi »,

---

1. G. Lapassade, P. Rousselot, *Le RAP ou la fureur de dire*, Paris, Loris Talmart, 1996.
2. Le *Disc-Jockey*, ou *DJ*, ou *Dee Jee*, ou encore *Dee Jay*.
3. Les *B. Boys* (origine : *Black-Boy* ou *Break-Boy*) sont des amateurs de rap.

« jacter », « tchatcher ». L'utilisation de la voix, l'intonation, la diction ou la scansion des textes en rapport avec le rythme *(beat)* et la mesure *(tempo)* du fond musical *(dubbing),* tout est exploité et revêt une même dimension de virtuosité langagière. Parallèlement à cette performance, il en existe une autre dans le rap qui est celle du *DJ,* le créateur du fond musical. Le *DJ* se fait reconnaître expert dans l'art du *dubbing,* lorsqu'il maîtrise les techniques du *sampling* (échantillonnage de courts extraits musicaux), du *cutting* (fragmentation d'une phrase musicale) et du *scratching* (manipulation rapide et rythmée du disque sur la platine).

D'une façon générale, la dimension d'exploit et d'excellence individuelle, avec une propension à la survalorisation de l'*ego* – auto-affirmation et glorification de ses propres qualités artistiques –, est très présente dans la culture rap.

Il faut noter enfin que le rap et le tag sont assez analogues du point de vue de leurs contenus : tout semble se passer en effet comme si le rap disait explicitement ce que les grafs, les tags expriment implicitement : la « haine », la « rage » et la colère.

3. La *break-dance* ou les défis corporels. – La *break-dance,* cette forme d'expression corporelle spectaculaire directement et étroitement liée à la musique rap, a été la première des activités artistiques de ce genre à se développer en France. Tout comme aux États-Unis, où elle avait été, dans la décennie 1970, le signe de reconnaissance des membres du mouvement hip-hop, la *break-dance* servit, quelques années après – 1982/1985 –, de pilier au développement du hip-hop dans les « banlieues » des villes françaises et à Paris.

Tout d'abord pratiquée au départ dans les boîtes de nuit américaines, sur de la musique *soul, funk* et disco, la *break-dance* a ensuite été intégrée aux concerts de rap de rue, avant de devenir un art autonome que l'on exerce au son d'enregistrements de rap écoutés sur d'imposants radiocassettes portables. Arrivée en France au milieu des années 1980, elle n'y restera pas longtemps un art de la rue, mais sera assez vite « institutionnalisée » avec l'éclosion de troupes professionnelles *(Art Zone, Macadam...)* qui se produiront dans le cadre de spectacles dûment organisés. Mais la consécration viendra du milieu de la danse puisque le Théâtre contemporain de la danse (TCD), temple de la chorégraphie moderne, parie sur le mouvement dès le début des années 1990. Prêt gratuit de studios pour répéter, production de spectacles *(Le songe d'un cri d'été* par la troupe *Black-Blanc-Beur*, ou encore *Käfig* de la compagnie *Käfig*) : l'art rebelle des banlieues flirte désormais avec la danse contemporaine, et a ses supporters du côté du ministère de la Culture.

À l'égal du rap et des tags, la *break-dance* est une activité artistique qui revêt une dimension de performance et de compétition[1]. À ces débuts, dans les discothèques et dans la rue, la *break-dance* se pratiquait sous forme de concours, désignés par le vocable « défis ». Ces compétitions chorégraphiques de *smurf, hype, break-dance* et *double-dutch*[2] étaient à la fois individuelles, avec pour enjeu l'honneur personnel des adolescents enchaînant des

---

1. Du point de vue anthropologique, on pourrait dire que tag, rap et *break-dance* se ressemblent, mais en même temps s'apparentent – par leurs aspects de faire-valoir, de défi et de compétition festive – à ces prestations « primitives » que Marcel Mauss, entre autres, a décrites et analysées dans son *Essai sur le don* (1923-1924), et dont il a bien mis en lumière la dimension agonistique et la place qu'elles tiennent dans la désignation des chefs, et dans l'institution et la reproduction des hiérarchies.

2. Le *smurf* vient de la traduction anglaise de *Schtroumpfs*, car les danseurs portaient des gants comme les Schtroumpfs. Il s'agit d'une danse constituée d'une série de figures qui sont à l'origine des scènes mimées de la vie quotidienne. La *hype* s'éloigne du mine, elle puise librement son inspiration autant dans les danses africaines, les clips vidéo que dans la *tap-dance* (claquette). Le *double-dutch* est une série de figures chorégraphiques et acrobatiques exécutées à l'intérieur de deux cordes tournant en sens inverse à l'intérieur de l'autre. La *break-dance* est un mélange de figures acrobatiques enchaînées les unes aux autres et sans cesse enrichies par les personnes qui les exécutent en y incorporant leur propre style. Le terme *break-dance* vient de *breaking* qui signifie « décrocher, casser, éclater ».

figures acrobatiques, et collectives, opposant des groupes de *smurfers* et de *breakers*. Comme dans les joutes oratoires du rap, les danseurs rivalisaient de virtuosité devant des assemblées mises au défi de leur opposer des artistes capables de réaliser des figures encore plus étonnantes.

L'exercice de la *break-dance* a considérablement modifié les pratiques de danse dans les soirées adolescentes et dans les fêtes populaires. Le nouveau modèle, basé entre autres sur la performance, s'écarte radicalement des manières de danser de la génération précédente, organisées à partir d'un couple de danseurs, comme dans le rock'n roll ou le slow[1].

III. – Les signes d'appartenance à la culture des rues

Comme dans tout groupe social spécifique, l'appartenance est régie par des marqueurs identitaires. La tenue vestimentaire et le langage en constituent les éléments essentiels et privilégiés.

1. **L'habillement.** – Les *breakers,* les graffeurs et les rappeurs ont adopté un *look* spécifique, appelé le *look Zulu,* facilement repérable : style sportif avec *Bombers* ou blousons *kaki à doublure orange,* ou encore K.Way, jeans amples, chaussures de sport montantes et non lacées *(Sniker),* casquettes de base-ball mal ajustées ou bérets *kangols,* ceinture personnalisée ou *name-plate*[2], coupe de cheveux ras et en brosse... L'habillement leur donne l'occasion de porter des signes distinctifs, qui ne sont reconnus et déchiffrés que par les initiés, et qui marquent les différences, en même temps qu'ils établissent des frontières entre le groupe des pairs et les autres (extérieurs).

1. D. Lepoutre, 1997, *op. cit.*
2. Les *name-plate* sont des plaques en métal composées des lettres du nom du graffeur. Elles se portent autour de la ceinture ou du cou.

Par ailleurs, les *looks* sont devenus une manière contemporaine de se tenir dans l'espace public et de célébrer la valeur du paraître qui permet d'afficher qui l'on est et qui l'on ne veut pas être. Au-delà du mimétisme de groupe, et dans une logique d'intégration sociale, cette utilisation des apparences constitue le pilier fondamental d'un statut de jeunes qui tentent de gérer par là même leur identité/altérité. Ce travail des apparences peut s'exprimer sous la forme de violations ironiques de ce même code. En effet, à la longue, de voir se réitérer ce portrait-robot et se répandre la marque de leur singularité, les taggers les plus « chevronnés » par exemple prennent alors le parti d'abandonner ces signes de plus en plus banals et trop manifestes ; ils tentent de s'opposer aux stéréotypes et de brouiller les pistes, d'autant plus, comme le souligne H. Bazin, que les membres du hip-hop préfèrent dans certains cas la discrétion à une exposition ostentatoire des signes de leur appartenance. Ils dissimuleront alors, par exemple, leur *name-plate* sous leurs vêtements[1].

2. **Le langage.** – Au même titre que le vêtement, la façon de parler joue le rôle de marqueur identitaire. Il existe un langage composite et codé des jeunes des cités « sensibles » de banlieue, fait de *verlan*, d'expressions techniques, de termes obscènes, d'anglicismes, de mots bricolés, et d' « insultes rituelles »[2]. Dans le cadre des groupes de pairs, ce langage sert de support à des relations sociales spécifiques ; il exprime aussi un regard que l'on porte sur le monde et l'idéologie de ceux qui l'utilisent. Il relèverait donc « d'une culture, ou du moins d'une sous-culture, à la fois organisée et cohérente »[3].

Les adolescents de ces quartiers s'expriment volontiers en *verlan*. Ce langage n'est pas « la simple expression linguistique d'une inversion de la norme sociale dominante », fait d'emprunts à l'argot français, voire aux lan-

1. H. Bazin, 1995, *op. cit.*
2. Cf. W. Labov, *Le parler ordinaire*, Paris, Minuit, 1993.
3. D. Lepoutre, 1997, *op. cit.*

gues de l'immigration africaine, antillaise, etc. C'est plutôt un langage vernaculaire, un « argot de groupe » – ceux qui le parlent le mieux sont les jeunes les plus intégrés au groupe de pairs et à sa culture – avec ses champs sémantiques propres et sa capacité à évoquer les différentes expériences (rixes, relations sexuelles, activités délictueuses...) qui constituent un vécu partagé.

Le *verlan* remplit plusieurs fonctions. Il a tout d'abord une *fonction ludique*, qui n'appartient pas en propre aux locuteurs de *verlan*, mais qui concerne tous les individus trouvant une certaine satisfaction et une jouissance dans le verbe. Il a aussi une *fonction initiatique*, parce que, d'une part, il donne un pouvoir à ceux qui le maîtrisent – pouvoir des « grands » sur les « petits », des « anciens » sur les « nouveaux » –, et parce que, d'autre part, certains codes, certaines valeurs s'apprennent en partie à travers ses catégories sémantiques. Par ailleurs, le *verlan,* comme tous les argots, a une *fonction cryptique*. Il s'agit d'un « langage de fermeture, du secret », qui sert à se protéger dans les situations déstabilisantes, voire menaçantes : devant les policiers par exemple, l'ensemble des mots peut être transformé, rendant du coup les phrases complètement incompréhensibles pour les non-initiés. Enfin, le *verlan* remplit une *fonction identitaire*, qui prend une dimension particulière dans le contexte socioculturel des cités d'habitat social périphériques : « La juxtaposition des migrations, la communauté de situation entre Français et étrangers, dans l'exclusion comme dans la révolte, tout cela concourt à une recherche d'identité qui marque le langage. »[1]

Les jeunes, dans le contexte de la culture des rues, usent aussi à profusion des mots grossiers, d'un langage de la trivialité autour du sexe, de la scatologie et de l'ordure. Les « gros mots », couramment employés, deviennent des éléments « naturels » du discours des locuteurs adolescents. Une sorte d'accoutumance à l'obscénité et à la grossièreté

1. C. Bachmann, L. Basier, Le *verlan* : argot d'école ou langage des keums, in *Mots*, 8, 1984.

fini par s'acquérir progressivement. Cette rhétorique de l'obscène ne peut se comprendre que par rapport à la norme de langage dominante à laquelle elle s'oppose implicitement. En d'autres termes, comme le souligne W. Labov, les mots « sales » sont « bons » précisément parce qu'ils sont « mauvais » et parce que leurs auteurs savent pertinemment qu'ils provoquent le dégoût et l'aversion chez les défenseurs de la « belle » langue académique et scolaire, et chez les adeptes des bonnes manières. Il y a aussi, dans ces exercices oratoires, un plaisir jubilatoire à vouloir transgresser les interdits et les tabous de parole. Ils revêtent ainsi, dans bien des cas, une dimension éminemment ludique.

Dans la culture des rues, les insultes rituelles, appelées « vannes » dans la langue populaire argotique[1], occupent également une place essentielle. Liées incontestablement à une culture de l'honneur, elles sont constituées de remarques acerbes, de plaisanteries grivoises et de moqueries grossières échangées sur le registre de l'humour entre des personnes qui se connaissent ou qui font du moins preuve d'une certaine complicité. L'échange de vannes s'intègre dans une dynamique interactionnelle ritualisée – véritable joute d'échanges –, dans laquelle on trouve des règles établies, des acteurs attitrés, etc.

En fait, les vannes de la culture des rues peuvent se comparer aux *dozens* – ou *dirty dozens* – observées et analysées par les linguistes dans les ghettos noirs des villes des États-Unis. Le vocable *dozen* désigne à la fois les insultes rituelles et le jeu même de ces insultes. *Dirty dozens* suggère l'idée de série – de propos obscènes. Si l'on s'en tient à la définition précise, ces insultes sont dirigées vers les membres de sa propre famille. Dans la culture vernaculaire noire américaine, la pratique des *dozens* est de l'ordre de la création linguistique poétique. On trouve en effet de véritables couplets rimés de vannes qui sont

---

1. *Vanner* signifie au sens propre « secouer (les grains) dans un van ». Ce terme était déjà utilisé dans son sens figuré en ancien français. Il a donné le substantif « vanne ».

intégrés depuis fort longtemps dans la tradition orale – issue de l'esclavage – de cette communauté.

Ces échanges d'insultes rituelles sont des pratiques relativement récentes dans les banlieues défavorisées françaises. Elles dateraient, selon D. Lepoutre, de la vague d'immigration africaine des années 1980.

Enfin, on ne peut rendre compte du langage des rues sans aborder quelques caractéristiques de la diction, tels que le volume sonore ou l'élocution. En situation d'échange « naturel » ou spontané, les locuteurs des cités « sensibles » s'expriment avec une grande exubérance et avec beaucoup de volubilité. Les conversations entre adolescents se font toujours à voix forte, sur un ton plus ou moins véhément, proche de l'agressivité. Cette façon d'interagir, marquée par la force, la puissance, est à replacer dans un rapport général que les jeunes des milieux populaires ont avec leur corps, avec le corps en général – dans un cadre de virilité, dans un cadre machiste.

IV. – **Existe-t-il une culture de banlieue ?**

Au terme de ce quatrième chapitre, il semble nécessaire de s'interroger sur la construction et l'évolution du hip-hop, ou plus exactement de s'arrêter sur la question suivante : Le mouvement hip-hop, avec ses activités artistiques, ses racines culturelles, son langage, son style vestimentaire, son économie, son état d'esprit, qui se déploie depuis plus de quinze ans dans le monde urbain, serait-il devenu une culture urbaine, ou tout du moins une sous-culture de la ville, des rues ?

Un certain nombre de sociologues répondent par l'affirmative, et se font les avocats de l'émergence et du développement d'une « culture sur macadam »[1] dans les banlieues françaises. C'est, par exemple, le point de vue de G. Lapassade, qui pense que le mouvement hip-hop serait en passe de devenir « la culture dominante des adolescents d'origine prolétarienne, une culture de la classe ouvrière

---

1. J. Hurstel, *Jeunes au bistrot, culture au macadam*, Paris, Syros, 1984.

immigrée d'origine antillaise, africaine ou maghrébine »[1].
Plus précisément encore, P. Rousselot montre que le rap et
la *break-dance* doivent être rattachés à une culture de la
transe, et à une longue tradition de musiciens, conteurs,
poètes, *preachers* et danseurs jamaïcains ou afro-américains[2]. Dans cette perspective, les jeunes des cités d'habitat
social seraient les héritiers des déshérités des grandes métropoles occidentales, des exclus des pays en voie de développement, et de toutes ces communautés exploitées,
souffrantes et couvertes d'opprobre. Les rappeurs se situe-
raient dans le droit fil des *Last Poets*, ou des militants des
Black Panthers, qui, au cours des années 1960 et au début
des années 1970, chantaient dans les ghettos américains,
tout en dénonçant leurs conditions d'existence. On retrouve en effet dans les chansons de rap les thématiques
des textes des *Last Poets* : la ville assimilée à la jungle,
l'homme noir en quête d'une dignité perdue, l'appel à la
révolte, à la prise de conscience *(Wake up, niggers*[3] *!).*

Ces observations sont pertinentes, mais il n'est pas
certain qu'elles suffisent à prouver l'existence d'une *culture de banlieue* présente ou à venir. Ceux qui comparent
la culture ouvrière des banlieues rouges d'hier avec les
phénomènes de constitution d'un groupe social (fédéré
par le mouvement hip-hop) dans les banlieues françaises
d'aujourd'hui, en restent bien souvent aux considérations
impressionnistes sur l'émergence de « nouvelles tribus »[4]
ou sur l'apparition d'un « nouveau folklore des tribus urbaines »[5] plutôt que d'une culture au sens anthropologique du terme ; tout au plus serait-il judicieux, comme le
dit C. Bachmann, d'évoquer à ce propos une tendance à
la « stylisation des modes de vie » inséparable de toute

---

1. G. Lapassade, *Introduction au mouvement hip-hop*, Journées
d'études « Les tags et la ville », CRIV, 14 juin 1990, cité par
M. Kokoreff, 1991, *op. cit.*
2. G. Lapassade, P. Rousselot, 1996, *op. cit.*
3. Debout les Nègres !, *wake up* : réveillez-vous.
4. M. Maffesoli, *Le temps des tribus*, Paris, Méridiens-
Klincksieck, 1988.
5. Expression de C. Bachmann (1994, *op. cit.*), faisant référence
aux thèses de P. Louis et L. Prinaz (1990, *op. cit.*).

expérience populaire. Dans cette hypothèse, il est possible de regrouper un ensemble de phénomènes émergents : « Une volonté de syncrétisme culturel, qui tire son inspiration aussi bien de l'Amérique et du Tiers Monde que de la tradition musette, un culte poussé de la représentation, une tendance marquée au moralisme – ou plutôt à l'adoption d'axiologies fortes comme les règles de comportement que scandent les *rappers*. » Ces divers éléments sont interprétés par C. Bachmann et L. Basier comme participants d'une « identité de dépassement »[1]. En effet, les adolescents des quartiers périphériques ne sont ni semblables à leurs parents, ni conformes à l'image que les médias donnent généralement d'eux. Ils tentent, à leur manière, de se constituer « une formation culturelle de compromis, qui leur permet à la fois d'interpréter le monde social et de le maîtriser dans l'imaginaire ».

De même, M. Kokoreff pense qu'il n'est pas opportun de parler de culture de banlieue lorsque l'on évoque les pratiques artistiques des jeunes de ces quartiers, leurs activités, leur style de vie, leurs comportements, organisés autour de valeurs dominantes essentiellement individualistes et hédonistes qui les incitent à adopter des attitudes « agressives », car ils ne sont pas seuls à croire en ces valeurs dominantes ; il semble que nous ayons plus affaire à un phénomène de classe d'âge, qui serait constitué par le malaise d'une génération qui se sent « sacrifiée » et par l'ambivalence de ses rapports à la société. Le problème qui se pose ne serait donc pas seulement celui de l'identité de toute une jeunesse : celle des quartiers défavorisés et « sensibles », mais celui de l'identité de toute une jeunesse se trouvant confrontée à l'écart existant entre les valeurs dominantes (l'économie mondiale, la performance, les idéaux démocratiques...) et les réalités sociales vécues quotidiennement[2].

---

1. C. Bachmann, L. Basier, « Junior s'entraîne très fort », ou le *smurf* comme mobilisation symbolique, in *Langage et société*, n° 34, décembre 1985.
2. M. Kokoreff, 1991, *op. cit.*

Conclusion

DE LA LAIDEUR À L'INSÉCURITÉ, EN PASSANT PAR LA PAUVRETÉ : LES BANLIEUES INDÉSIRABLES

Au début des années 1940, dans un ouvrage traitant de l'agglomération parisienne, Louis Thomas s'en prenait à la banlieue « chic » de Paris. Il décrivait Neuilly comme un assemblage disparate et incohérent « d'immeubles de tous types et de tous les profils », avec des façades de tous les esprits, « des matériaux qui hurlent les uns à côté des autres, une débauche de dessins où le pire est moins rare que le meilleur »[1]. Dix ans plus tard, *Plaisir de France*, dans un numéro de février 1951, n'a pas de mots assez durs pour décrire la banlieue parisienne : « Il n'y a rien en France de plus honteusement laid que la banlieue de Paris, non pas seulement la banlieue des industries, des lotissements et des zones, mais la banlieue résidentielle, où des rues mal tracées se faufilent entre des rangées de villas étriquées, hétéroclites et prétentieuses. » À la fin des années 1960, les grands ensembles des périphéries urbaines sont présentés comme des « univers concentrationnaires », où les barres et les tours agglomèrent des individus enfermés dans des « cages à lapins ». Quelque temps après, les lotissements pavillonnaires tomberont à leur tour sous le coup des mêmes jugements, et seront comparés à des « HLM horizontaux ».

On voit donc que les banlieues sont regardées, depuis longtemps déjà, comme des lieux défigurant l'entrée des villes et plus généralement le paysage périurbain, et que

1. L. Thomas, *Le Grand Paris*, Paris, Éd. Aux armes de France, 1941, cité par É. Volpe, *Côté banlieue*, Paris, Autrement, 1994.

les plus « huppées » d'entre elles n'ont pas été jugées beaucoup moins sévèrement que les banlieues industrielles, les banlieues pavillonnaires, ou bien les grands ensembles d'habitations à loyer modéré.

Toutefois ce dernier type de banlieues est encore plus discrédité que tous les autres. En effet, aux yeux de ceux qui les critiquent, les grands ensembles sont condamnables non seulement en raison de leur laideur, mais aussi parce qu'ils constituent des zones d'immoralité et de dépravation, où la délinquance et la violence se donnent libre cours. Ainsi apparaissent-ils comme des espaces sociaux dont les caractéristiques illustrent parfaitement la croyance selon laquelle le jugement esthétique peut être inséparable du jugement moral, étant donné que les choses laides et les choses mauvaises sont souvent associées. Cette alliance du disgracieux et du mal – qui peut également lier le beau au bon – ne date pas d'aujourd'hui.

Déjà au XVIIIᵉ siècle, Denis Diderot prétend dans son *Traité du beau* que « le vrai, le bon et le beau se tiennent de bien près ». Un peu plus tard, le philosophe allemand Friedrich W. J. von Schelling affirme que « la vérité et la bonté ne s'allient que dans la beauté » et que « la beauté qui n'est pas vérité n'est pas non plus beauté »[1]. La propension à lier le Bien et le Beau est somme toute quelque chose d'assez classique et « concevable », nous dit Évelyne Volpe, si ce n'est que cette association a un prolongement regrettable : elle conduit souvent, en effet, à confondre l'ordre esthétique et celui de la morale, et donc à dévaloriser moralement des choses (ou des personnes) qui indisposent non pas parce qu'elles attentent réellement à la morale, mais parce qu'elles ne sont pas conformes à tel ou tel critère du Beau[2].

Ainsi, dans nos schémas mentaux, les représentations sociales du dangereux et de l'hostile sont-elles facilement associées au sale et au laid. Le *Dictionnaire des synonymes* lui-même relie les termes « sale » et « malpropre »

1. F. W. J. Schelling, *Textes esthétiques*, 1802-1807.
2. É. Volpe, 1994, *op. cit.*

aux épithètes « immoral, impur, malhonnête... »[1]. Conséquemment, la délinquance ne se situerait que dans le monde de la saleté et de la laideur, la probité et l'honnêteté ne se trouvant que dans l'univers du propre et du beau.

Dans cette logique, les grands ensembles de banlieue, regardés comme « moches » et « pourris », seraient consubstantiellement porteurs de malhonnêteté, d'insécurité et de délinquance. À l'opposé, les « beaux » quartiers du centre ville, de style haussmannien par exemple, seront vus et pensés comme des espaces de probité et sans danger.

L'idée de l'alliance nécessaire du beau et du bon s'est répandue depuis longtemps dans le monde de l'urbanisme et de l'architecture. Dans les années 1940, M. Wanecq, par exemple, s'appuyant sur Olivier de Serres, note que « deux choses sont requises aux bâtiments, à savoir : bonté et beauté, afin d'en retirer service agréable ». Un peu plus loin, par l'intermédiaire d'un poète, l'auteur s'élève contre l' « anarchie architecturale... reflet d'une mauvaise politique municipale, du désordre des mœurs et des idées et de l'avilissement du goût », et pense que l'ordre esthétique est « inséparable de l'ordre social et national ». Il en vient alors, assez « naturellement », à condamner les « banlieues champignons » en les comparant à des « zones débraillées », faites de baraques, de cabanes, et de taudis lépreux, qui entourent les villes[2]. Plus près de nous, É. Volpe note que les banlieues sont aujourd'hui encore bien souvent décrites comme des ensembles désordonnés, disparates, bruyants et tristes, manquant d'harmonie et de structure précise, cet univers triste et déprécié ne pouvant qu'engendrer racisme, agressivité, insécurité, ennui et dépression.

1. *Dictionnaire des synonymes*, Paris, Le Robert, « Les Usuels », 1983.
2. M. Wanecq, *Défense et illustration de la maison française*, Paris, Grasset, 1942.

Les bâtiments des grands ensembles de banlieue en viennent, par leur architecture imposante et uniforme, à évoquer la prison, c'est-à-dire un lieu fermé sur lui-même, une sorte de ghetto physique. Les populations se retrouvent alors stigmatisées par leur habitat. Faut-il donc en finir avec les grands ensembles, comme certains décideurs politiques, architectes et réhabilitateurs le préconisent ? Cette banlieue souffre avant tout de la crise sociale et économique ; reloger des pauvres ailleurs ne ferait que déplacer les problèmes...

LIBRARY, UNIVERSITY COLLEGE CHESTER

BIBLIOGRAPHIE

Bachmann (C.), Le Guennec (N.), *Violences urbaines*, Paris, Albin Michel, 1996.

Blanc (M.), Du logement insalubre à l'habitat social dévalorisé, in *Les Annales de la recherche urbaine*, n° 49, 1990.

Body-Gendrot (S.), *Ville et violence*, Paris, PUF, 1995.

Calogirou (C.), *Sauver son honneur*, Paris, L'Harmattan, 1989.

Davis (M.), *City of quartz : Los Angeles, capitale du futur*, Paris, La Découverte, 1997.

Dubet (F.), *La galère : jeunes en survie*, Paris, Fayard, 1987.

Elias (N.), Scotson (J.-L.), *Logiques de l'exclusion*, Paris, Fayard, 1997.

Faure (A.) (sous la dir.), *Les premiers banlieusards*, Paris, Créaphis, 1991.

Fourcaut (A.) (sous la dir.), *Banlieue rouge (1920-1960)*, Paris, Autrement, 1992.

Grafmeyer (Y.), *Sociologie urbaine*, Paris, Nathan, 1994.

Labov (W.), *Le parler ordinaire*, Paris, Éd. de Minuit, 1993.

Lagrange (H.), *De l'affrontement à l'esquive. Violences, délinquances et usages de drogue*, Paris, Syros, 2001.

Lepoutre (D.), *Cœur de banlieue*, Paris, O. Jacob, 1997.

Merlin (P.), *Les banlieues,* Paris, PUF, 1999.

Mucchielli (L.), *Violences et insécurité,* Paris, La Découverte, 2001.

Paugam (S.) (sous la dir.), *L'exclusion : l'état des savoirs*, Paris, La Découverte, 1996.

Raymond (H.) *et al., L'habitat pavillonnaire*, Paris, L'Harmattan, 2001.

Segaud (M.) *et al.* (sous la dir.), *Logement et habitat : l'état des savoirs,* Paris, La Découverte, 1998.

Stébé (J.-M.), *La réhabilitation de l'habitat social*, Paris, PUF, 1995.

Stébé (J.-M.), *Le logement social en France*, Paris, PUF, 1998.

Stébé (J.-M.), *Architecture, urbanistique et société : idéologies et représentations dans le monde urbain* (en collab. avec A. Mathieu-Fritz), Paris, L'Harmattan, 2002.

Trépos (J.-Y.), Incivilités qualifiées et équipements civilitaires, in M. Segaud, *Espaces de vie, espaces d'architecture*, Paris, ML, 1995.

Vieillard-Baron (H.), *Les banlieues*, Paris, Flammarion, 1996.

Wieviorka (M.), *Violence en France*, Paris, Le Seuil, 1999.

Wirth (L.), *Le ghetto*, Grenoble, PUG, 1980.

TABLE DES MATIÈRES

Imprimé en France
Imprimerie des Presses Universitaires de France
73, avenue Ronsard, 41100 Vendôme
Avril 2002 — N° 49 147